Collection folio junior

Andrew Chapman

Les Trafiquants de Kelter

Défis Fantastiques

Traduit de l'anglais
par Anne Blanchet

Illustrations de Nik Spender

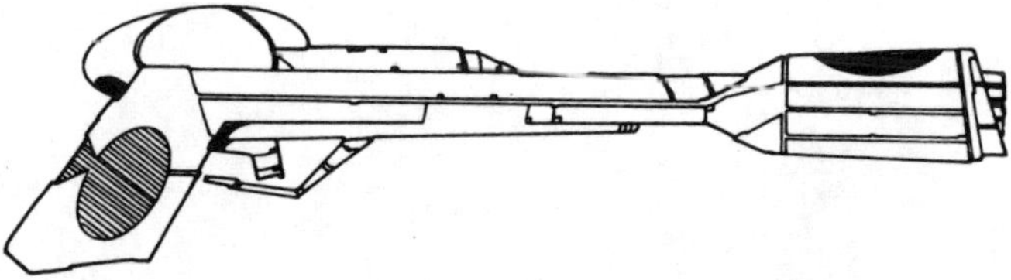

Gallimard

Titre original :
The Rings of Kether

Comment combattre les trafiquants de Kelter

Vous êtes un agent secret de la Brigade Fédérale des Stupéfiants, rattachée aux Services de la Confédération des Espaces Inter-Galactiques. Vos supérieurs, reconnaissant vos exceptionnelles compétences professionnelles, ont décidé de vous attribuer un vaisseau spatial à l'équipement des plus sophistiqués, afin de vous envoyer, seul, dans l'espace, pour démanteler un Réseau de Trafiquants de Stupéfiants qu'on soupçonne d'agir dans le système d'Aleph Cygni.

Avant de vous lancer dans cette aventure, il vous faut tout d'abord déterminer vos propres forces et faiblesses, ainsi que celles de votre vaisseau.

Pour cela, vous aurez besoin d'une paire de dés et d'un crayon. Vous reporterez les résultats obtenus sur la *Feuille d'Aventure* que vous trouverez en pages 10 et 11. Cependant, comme il est peu probable que vous réussissiez dans votre mission lors de votre première tentative, il serait certainement plus prudent d'établir des photocopies de cette *Feuille d'Aventure* qui vous permettront, par la suite, de jouer à nouveau.

FEUILLE D'AVENTURE

HABILETÉ	ENDURANCE	CHANCE
Total de départ = 12	*Total de départ* = 21	*Total de départ* = 12

ARMES ET EQUIPEMENT

Pilules de Stimuline 4

ARMEMENT
Total de Départ = 10

DEFENSE
Total de Départ = 6

MISSILES A TETE CHERCHEUSE
2

CREDITS
5000

CASES DES RENCONTRES AVEC UNE CRÉATURE

Habileté = *Endurance =*	*Habileté =* *Endurance =*	*Habileté =* *Endurance =*
Habileté = *Endurance =*	*Habileté =* *Endurance =*	*Habileté =* *Endurance =*
Habileté = *Endurance =*	*Habileté =* *Endurance =*	*Habileté =* *Endurance =*
Habileté = *Endurance =*	*Habileté =* *Endurance =*	*Habileté =* *Endurance =*

Les règles du jeu des *Trafiquants de Kelter*, diffèrent quelque peu de celles des autres *Livres dont vous êtes le héros*. En effet, pour mener à bien votre mission, il vous a été confié un vaisseau spatial, dont les armes offensives et défensives ont été spécialement étudiées par les services spéciaux de la Brigade Fédérale Intergalactique pour que vous ayez le maximum de chance de démanteler le Réseau de Trafiquants des Anneaux de Kelter. Vous disposez également d'une arme personnelle, un Pistolet Laser, et d'un ordinateur de bord que vous pourrez consulter (l'usage que vous pourrez en faire sera indiqué à chaque paragraphe concerné).

Vous aurez parfois à combattre à mains nues et au corps à corps : les indications sur ces combats occasionnels vous seront données lorsque le cas se présentera. Mais ils se déroulent de la même manière et suivent les mêmes règles que dans les autres *Livres dont vous êtes le héros*.

En ce qui concerne les autres combats, retenez surtout que le monde galactique dans lequel vous allez vivre a mis au point des moyens de destruction ultra-sophistiqués et d'une effroyable efficacité. En conséquence, les combats se déroulent très rapidement et sont très meurtriers. Lisez très attentivement les règles qui s'y rapportent avant de commencer le jeu.

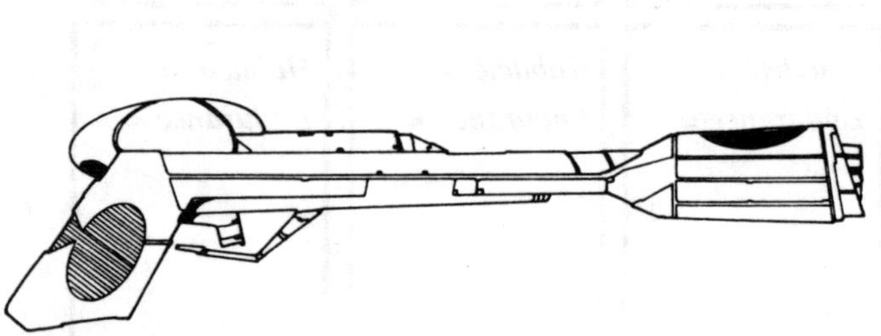

Votre vaisseau spatial : Armement et Défense

Lancez un dé. Ajoutez 6 au chiffre obtenu et inscrivez le total dans la case ARMEMENT de votre *Feuille d'Aventure*. Lorsque vous ferez feu sur un vaisseau ennemi, vous lancerez deux dés. Si le total obtenu est alors *inférieur* à votre total d'ARMEMENT, vous l'aurez touché. Sinon, vous aurez manqué votre coup.
Lancez un·dé. Inscrivez le chiffre obtenu dans la case DEFENSE de votre *Feuille d'Aventure*. A chaque fois que vous serez atteint par le feu de votre adversaire, vous perdrez des points de DEFENSE. Lorsque votre total de DEFENSE devient nul, à un moment ou un autre du jeu, votre vaisseau explose. Et votre mission s'achèvera dans l'espace !

Habileté, Endurance et Chance

Votre aptitude à combattre, à supporter les coups qui vous seront portés, à vous tirer des situations les plus dangereuses est déterminée par votre HABILETE, votre ENDURANCE et votre CHANCE. Sur la *Feuille d'Aventure* figurent des cases particulières dans lesquelles vous inscrirez vos points de départ qui se calculent ainsi :

Lancez un dé. Ajoutez 6 au chiffre obtenu et inscrivez le total dans la case HABILETE de votre *Feuille d'Aventure*.

Lancez deux dés. Ajoutez 12 au chiffre obtenu et inscrivez le total dans la case ENDURANCE.

Lancez un dé. Ajoutez 6 au chiffre obtenu et inscrivez le total dans la case CHANCE.

Utilisation de la Chance

Pour des raisons qui vous seront expliquées plus loin, les points d'HABILETE, d'ENDURANCE et de CHANCE changent constamment au cours de l'aventure. Vous devrez garder un compte exact de ces points, et nous vous conseillons à cet effet d'écrire vos chiffres très petits dans les cases ou d'avoir une gomme à portée de la main. Mais n'effacez jamais vos *points de départ*. Bien que vous puissiez obtenir des points supplémentaires d'HABILETE, d'ENDURANCE et de CHANCE, ce total n'excédera jamais vos *points de départ*, sauf en de très rares occasions qui vous seraient alors signalées sur une page particulière.

Vos points d'HABILETE reflètent votre adresse au combat en général : plus ils sont élevés, mieux c'est. Vos points d'ENDURANCE traduisent votre force, votre volonté de survivre, votre détermination et votre forme physique et morale en général : plus vos points d'ENDURANCE sont élevés, plus vous serez capable de survivre longtemps. Avec vos points de CHANCE, vous saurez si vous êtes naturellement *Chanceux* ou *Malchanceux*. La Chance est une importante réalité dans l'univers imaginaire que vous allez découvrir.

Combat armé

Les armes que vous utiliserez au cours de cette mission (ou qui seront utilisées contre vous) ont un pouvoir de destruction considérable. Aussi les combats que vous aurez à mener seront-ils pour la plupart extrêmement brefs et le plus souvent mortel.

Les combats se déroulent ainsi :

1. Jetez deux dés. Si le résultat obtenu est *égal ou supérieur* à votre total d'HABILETE, vous avez manqué votre adversaire. Si le résultat est *inférieur* à ce même total, votre coup a atteint son but, et votre adversaire perd alors 4 points d'ENDURANCE.

2. Si le total d'ENDURANCE de votre adversaire est égal à zéro, il est mort.

3. Si votre adversaire est encore en vie, il riposte : jetez deux dés. Si le résultat obtenu est *égal ou supérieur* au total d'HABILETE de votre adversaire, son coup ne vous atteint pas. Si, en revanche, le résultat est *inférieur* à ce même total, vous êtes touché, et vous devez déduire 4 points de votre total d'ENDURANCE.

4. Si vous êtes alors toujours en vie, vous reprenez le combat à l'étape 1.

Attention : si vous faites face à plusieurs adversaires, vous pouvez choisir celui contre lequel vous allez tout d'abord combattre. Mais ils riposteront tous ensemble.

Combat à mains nues

Le combat à mains nues (c'est-à-dire tout combat dans lequel les armes n'entrent pas en jeu) se déroule de la même façon que dans les autres livres dont VOUS êtes le héros. Si vous êtes déjà familiarisé avec ce genre de combat, vous pouvez vous dispenser d'en lire les règles qui figurent ci-dessous. Sinon, prenez-en soigneusement connaissance.
Tout d'abord, vous inscrirez les points d'HABILETE et d'ENDURANCE de l'adversaire que vous affrontez dans la première case vide des Rencontres avec une Créature de votre *Feuille d'Aventure*. Les points correspondant à chaque adversaire sont donnés dans le livre chaque fois que vous faites une rencontre.

Le combat se déroule alors ainsi :

1. Jetez deux dés pour votre adversaire. Ajoutez ses points d'HABILETE au chiffre obtenu. Ce total vous donnera la *Force d'Attaque* de votre adversaire.

2. Jetez deux dés pour vous-même. Ajoutez le chiffre obtenu à vos propres points d'HABILETE. Ce total représente votre *Force d'Attaque*.

3. Si votre *Force d'Attaque* est supérieure à celle de votre adversaire, vous l'avez blessé. Passez à l'étape n° 4. Si la *Force d'Attaque* de votre adversaire est supérieure à la vôtre, c'est lui qui vous a blessé. Passez à l'étape n° 5. Si les deux *Forces d'Attaque* sont égales, vous avez chacun esquivé les coups de l'autre — reprenez le combat en recommançant à l'étape n° 1.

4. Vous avez blessé votre adversaire, vous diminuez donc de 2 points son ENDURANCE. Vous pouvez également vous servir de votre CHANCE pour lui faire plus de mal encore (voir page 12).

5. Votre adversaire vous a blessé : vous ôtez alors 2 points à votre ENDURANCE. Vous pouvez également faire usage de votre CHANCE (voir page 12).

6. Modifiez votre score d'ENDURANCE ou celui de votre adversaire, selon le cas (faites de même pour vos points de CHANCE si vous en avez fait usage — voir page 12.)

7. Commencez le deuxième *Assaut* (en reprenant les étapes de 1 à 6). Vous poursuivrez ainsi l'ordre des opérations jusqu'à ce que vos points d'ENDURANCE ou ceux de l'adversaire que vous combattez aient été réduits à zéro (mort).

Combat entre vaisseaux spatiaux

Les combats entre vaisseaux spatiaux peuvent être menés :

1. En utilisant les Désintégrateurs : dans ce cas, à chaque fois qu'un vaisseau est touché, il perd 1 point de DEFENSE.

2. En utilisant les Missiles à Tête Chercheuse. Seul votre vaisseau est équipé de cette arme redoutable. Lorsque vous déciderez d'expédier un Missile contre un vaisseau ennemi, vous atteindrez obligatoirement votre cible qui sera alors détruite, et ce, quelque soit son total de DEFENSE. Lorsque vous commencez cette aventure, vous disposez de deux Missiles à Tête Chercheuse. Notez-les bien sur votre *Feuille d'Aventure* que vous n'oublierez pas de modifier quand vous les utiliserez.

Les combats entre vaisseaux se déroulent de la façon suivante :

1. Choisissez tout d'abord l'arme avec laquelle vous allez attaquer votre adversaire. Au cours d'un même assaut, vous pouvez choisir d'utiliser à la fois les Désintégrateurs et un Missile à Tête Chercheuse, en tirant au Désintégrateur sur un vaisseau, et en expédiant un Missile contre un autre, par exemple.

2. Tout vaisseau contre lequel vous aurez envoyé un Missile est détruit. Il ne pourra donc riposter avec ses Désintégrateurs.

3. Jetez deux dés pour les combats aux Désintégrateurs seuls. Si le total obtenu est *égal ou supérieur* au total d'ARMEMENT de votre vaisseau, vous n'avez pas atteint votre cible. Vous passez, alors, à l'étape 5.

4. Si le résultat est *inférieur* au total d'ARMEMENT de votre vaisseau, votre coup à atteint le vaisseau ennemi qui perd 1 point de DEFENSE. Si ce vaisseau n'a pas été détruit, vous passez à l'étape 5.

5. Tous les vaisseaux ennemis participant encore au combat ripostent de la façon suivante : jetez deux dés. Si le résultat obtenu est *égal ou inférieur* au total d'ARMEMENT du vaisseau ennemi, vous n'êtes pas touché.

6. Si ce résultat est *inférieur* à ce même total, vous recevez le coup de plein fouet, et votre vaisseau perd 1 point de DEFENSE.

7. Vous reprenez le combat à l'étape 1, et ce jusqu'à ce que tous les vaisseaux ennemis — ou votre propre vaisseau — aient été détruits.

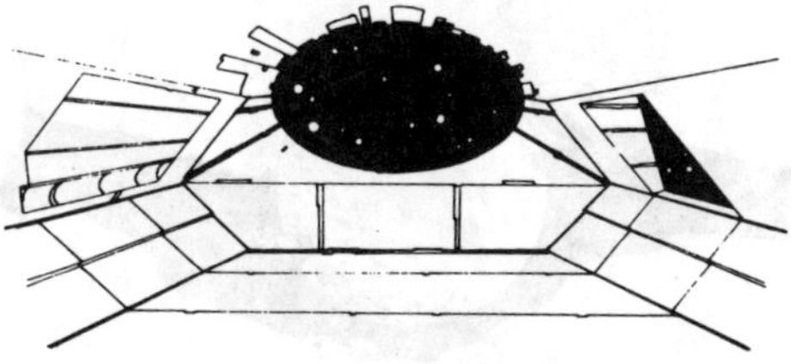

Comment rétablir votre Endurance

Il y a peu de chance pour que vous ne perdiez aucun point d'ENDURANCE au cours des combats que vous devrez affronter et dont vous sortirez vainqueur. Vous pourrez regagner ces points en prenant des Pilules de Stimuline. Chaque Pilule vous donne droit à 5 points d'ENDURANCE, et vous pouvez en avaler une lorsque vous le désirez. Au début de votre mission, vous êtes en possession de 4 Pilules de Stimuline : notez-les dans la case correspondante de votre *Feuille d'Aventure* et n'oubliez pas de diminuer ce chiffre chaque fois que vous en utiliserez une. Enfin, n'oubliez pas que vos points d'ENDURANCE ne peuvent, en aucun cas, excéder leur total de départ.

Les Crédits

Vous aurez certainement besoin, à un moment ou un autre de votre aventure, d'argent. L'unité monétaire en cours dans le système d'Aleph Cygni est le Crédit. Avant de commencer votre mission, vous disposez d'une somme de 5 000 Crédits. Inscrivez cette somme dans la case correspondante de votre *Feuille d'Aventure*, et n'oubliez pas de tenir vos comptes à jour.

Votre mission

La Confédération des Espaces Intergalactiques se compose de plusieurs centaines de mondes civilisés qui ont tous adhéré à la Charte Fédérale. Cette Charte définit un certain nombre de lois et de règlements parmi lesquels figure l'interdiction du trafic des stupéfiants. Ce qui signifie que l'exportation de stupéfiants d'un monde dans un autre est illégale.

La Police Fédérale a cependant appris qu'une importante quantité de Satophil D, un stupéfiant interdit, transite par la petite constellation du Système d'Aleph-Cygni. Chaque adhérent à la Charte est censé faire sa propre police pour ce genre d'affaire, aussi faut-il en déduire qu'il y a sans doute une faille dans l'administration du Système d'Aleph-Cygni. Cette faille des pouvoirs locaux s'ajoute à la brèche faite dans l'application de la Charte. En conséquence, votre département, la Brigade Fédérale des Stupéfiants, a décidé d'envoyer un agent secret du grade le plus élevé, en l'occurrence VOUS, pour remonter la filière jusqu'à sa source, s'introduire dans l'organisation criminelle et démanteler le Réseau.

Vous voyagerez incognito car les autorités d'Aleph-Cygni se sont peut-être compromises avec l'organisation. Vous vous ferez passer pour un négociant interplanétaire transportant une cargaison d'épices, de fruits exotiques et de produits de luxe extragalactiques (chocolats). Une fois entré dans le système d'Aleph-Cygni, vous serez entièrement livré à vous-même, alors bonne chance !

Et maintenant, tournez la page !

1 *Vous vérifiez le bon fonctionnement des armes dont est équipé votre vaisseau spatial.*

1

... Dans cinq minutes prend fin votre translation ultradimensionnelle...

Les mots s'inscrivent en lettres lumineuses sur l'écran de commandes qui scintille devant vous. Un signal sonore retentit peu après. Le module tout entier vibre. Bientôt vous allez entrer dans le Système d'Aleph-Cygni et, si jamais, il y a un traître parmi les agents de la Brigade Fédérale... vous avez tout à craindre du sort qui vous attend à l'arrivée !

... Dans quatre minutes prend fin votre translation ultradimensionnelle...

Pivotant souplement sur votre couchette antigravitationnelle, vous vérifiez une deuxième fois le bon fonctionnement des armes dont est équipé votre vaisseau spatial.
Désintégrateur : O.K.
Deux Missiles à Tête Chercheuse (M.T.C.) : vous n'avez qu'à effleurer le bouton de mise à feu.
Détecteur de brouilleur d'ondes : prêt à être connecté.
Drôle de matériel quand même pour un négociant interplanétaire : enfin, personne ne doit le soupçonner sauf si vous êtes amené à en faire usage. Jusque-là votre pseudo-identité vous protège. Vous mettez en marche le pilotage automatique et vous connectez le détecteur de brouilleur d'ondes pour échapper aux contrôles des radars d'Aleph-Cygni. Le changement de dimensions vous donne tellement mal au cœur que vous grincez des dents.

... Préparez votre insertion dans l'espace/temps réel...

Ça y est, c'est le moment !... La capsule autopropulsée se libère du corps de la fusée et fonce droit dans l'espace interstellaire... vous aussi, et à une vitesse supérieure à celle de la lumière... Sssshhh ! Les objets s'atomisent comme pulvérisés, puis se recomposent dans leurs formes et leurs dimensions antérieures. Impressionnant ! Sauf les nausées qui vous ont pris sur la fin, il vous semble que tout s'est bien passé. Maintenant, sur l'écran s'inscrit le Système d'Aleph-Cygni : l'étoile jaune Aleph-Cygni elle-même et son unique satellite Kelter, la planète inhospitalière. Kelter, vous informe votre ordinateur de bord, est une planète habitée dont la plus grande partie, un Océan, est parsemée de quelques petites îles. Une seule est assez vaste pour former un continent. Autour de Kelter tourne une petite lune grêlée, connue sous le nom de Fin-de-Terre. Enfin, bien que invisible sur votre écran mais signalé par votre ordinateur, vous apprenez qu'un large anneau entoure Kelter, un anneau composé de centaines de milliers d'Astéroïdes : l'Anneau de Kelter.
Par où allez-vous commencer votre enquête sur les Trafiquants de Stupéfiants ? Par la Station Spatio-Orbitale de Kelter (rendez-vous au **333**), par la petite lune grêlée (rendez-vous au **328**) ou bien en dirigeant votre vaisseau vers les Astéroïdes de l'Anneau (rendez-vous au **372**) ?

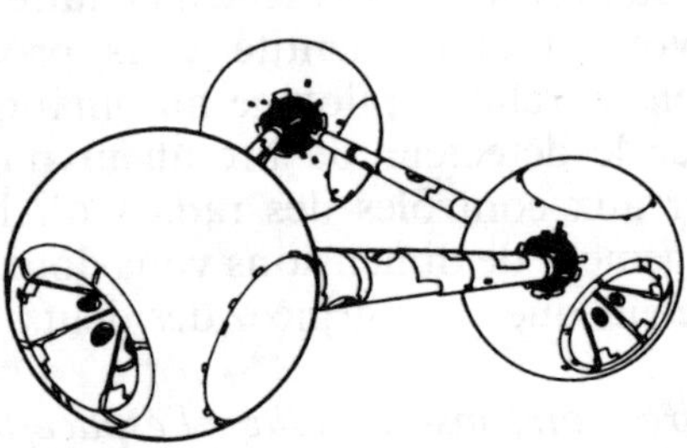

2

L'homme ne tarde pas à s'apercevoir que vous le suivez et disparaît dans une petite rue. Vous essayez de le rattraper mais la ruelle est déserte. Il vous a semé ! Soudain une main vous agrippe le bras et vous tire de force dans un renfoncement sombre entre deux immeubles : c'est l'homme que vous suiviez. « Mais qu... », avez-vous juste le temps de dire avant qu'il plaque sa main sur votre bouche. Il sort un bout de papier et gribouille dessus : « Taisez-vous, espèce d'espion ! Rejoignez-moi dans une heure à l'hôtel Mirimar, chambre 1201. » Puis il s'éloigne.

Allez-vous vous rendre à l'hôtel Mirimar (rendez-vous au **395**) ou préférez-vous retourner surveiller l'immeuble de Zera Gross (rendez-vous au **109**) ?

3

La porte s'ouvre sur une petite pièce meublée d'un bureau, de quelques classeurs métalliques et d'un vidéophone. Alors que vous hésitez encore quant à ce que vous allez faire, l'écran du vidéophone s'illumine tandis qu'un son modulé jaillit de l'appareil. Vous dégainez votre Pistolet Laser et vous vous cachez derrière un classeur. Un homme entre et décroche le récepteur.

— Allô ? ... Ah ! c'est toi.

— Clive, il faut que je te parle, grésille une voix de femme dont le visage apparaît maintenant sur l'écran.

— Mais, chérie, j'ai du travail toute la nuit et un rendez-vous demain matin avec Arthur au *Star Heroïc Bar*... On se verra après.

— Mais...

— Demain. On ne peut pas parler ici.

Et d'un geste sec, il coupe la communication.

— Torus ! Torus ! crie quelqu'un dans l'entrepôt. Viens immédiatement !
— J'arrive ! répond Clive qui part en courant.
Allez-vous quitter la pièce et attendre le lendemain pour vous rendre en même temps que Clive et Arthur au *Star Heroïc Bar* (rendez-vous au **315**) ou préférez-vous continuer vos recherches dans l'entrepôt en suivant Clive (rendez-vous au **354**) ?

4

Dans un bar sordide, vous faites la connaissance d'un vieux mineur d'astéroïdes qui est venu là, passer ses deux semaines de congé planétaire.
— Des trafiquants, s'il y en a... ricane-t-il... Sûr... et de la camelote... un peu oui... mais ça te coûtera cinq cents crédits, si tu veux savoir dans quel coin.
Allez-vous lui donner l'argent qu'il réclame (rendez-vous au **355**) ou préférez-vous poursuivre vos recherches sur la base spatiale (rendez-vous au **345**) ?

5

— Lâchez-moi ! hurlez-vous.
Le monstre éclate d'un rire sardonique alors que sa taille devient prodigieuse. Il s'abat sur vous et vous dévore en un instant. Vous avez échoué dans votre mission.

6

Vous montrez votre carte fédérale. L'homme vous jette un regard ahuri.
— Vous êtes de la Brigade... Je... je ne voulais pas... Je n'avais pas l'intention... je le jure ! (Il est terrorisé.) Je n'ai rien fait, ajoute-t-il en abaissant son Pistolet Laser. Je ne travaille pas pour *eux*, moi.

— Qui *eux* ? demandez-vous.
Mais il ne vous écoute plus. Cédant à la panique, il s'enfuit à toutes jambes.
Allez-vous continuer à vous cacher (rendez-vous au **357**) ou, puisque votre identité est maintenant connue, pensez-vous qu'il vaut mieux chercher une nouvelle piste (rendez-vous au **231**) ?

7

La route fait une brusque descente négociée par un virage en S. Loin devant vous, le véhicule ralentit et s'arrête presque pour prendre ce virage. Allez-vous l'imiter (rendez-vous au **280**) ou, au contraire, allez-vous foncer droit devant, les bas-côtés ayant l'air stables (rendez-vous au **358**) ?

8

Vous les heurtez de biais, mais le choc est suffisant pour projeter le véhicule hors de la route. Il bute contre le talus, fait un tête-à-queue, se retourne et est finalement arrêté par un arbre, à quelques mètres de la route. Vous vous rangez sur le bas-côté. Rendez-vous au **359**.

9

Le couloir aboutit rapidement à une porte blindée sur laquelle est écrit en lettres fluorescentes :

Prochaine navette
dans 75 h 31 mn 20 s

Vous revenez sur vos pas et, de retour à la bifurcation, vous continuez tout droit. Rendez-vous au **360**.

10

Vous manquez la sphère de peu et vous glissez le long de sa surface, vous raccrochant au dernier moment à son espèce de poignée inférieure.

Malheureusement, vous êtes à portée de l'un des monstres et, avant que vous ayez pu faire le moindre geste, vous le voyez ouvrir une effroyable gueule aux dents acérées qui vous mordent cruellement. Vous perdez 4 points d'ENDURANCE. Rendez-vous au **361**.

11

Vous arrivez le soir même au restaurant *le Bon Chocolat*. Vous trouvez M. Samuel assis à une table en demi-lune. Il a une fausse barbe et les cheveux teints.

— Vous n'avez pas été suivi ? chuchote-t-il anxieusement.

— Non, répondez-vous sur le même ton.

Il se détend et se tamponne les sourcils avec un triplex synthétique. Puis il avale une rasade de mégacool. Pendant le repas, il vous révèle en quelques mots murmurés à voix basse que les dirigeants locaux sont tous corrompus et que son propre département, la Brigade des Stupéfiants, l'est plus que tout autre.

— Nous n'avons pas mené la moindre enquête sur le trafic des stupéfiants depuis des mois ! se lamente-t-il. Ils ont payé quelqu'un de haut placé, cela ne fait aucun doute. Et peut-être même tous les employés subalternes !

Cependant il ignore totalement qui peut être à la tête du trafic, et encore moins par où vous pourriez commencer votre enquête. Les deux seules pistes qu'il vous donne sont :

1) l'Héliport, car il soupçonne qu'une certaine quantité de stupéfiants arrive dans la capitale Planétaire par vols réguliers et par vols clandestins ;

2) un ancien membre du personnel navigant au chômage, un indicateur qui serait disposé à vous parler.

Allez-vous poser quelques questions sur l'Héliport

11 *M. Samuel est assis à une table. Il a une fausse barbe et les cheveux teints.*

(rendez-vous au **206**) ou préférez-vous rencontrer l'indicateur en question (rendez-vous au **284**) ?

12

Vous pressez la touche « Fichier Central Administrations » sur le clavier de l'ordinateur. Après une seconde apparaissent les mots : Agriculture — Industrie — Transports.
Quelle rubrique allez-vous tout d'abord consulter :

Agriculture ?	Rendez-vous au **363**
Industrie ?	Rendez-vous au **324**
Transports ?	Rendez-vous au **285**

13

Le tueur s'est effondré sur le trottoir. Une mare de sang s'écoule dans le caniveau. Vous vous approchez de lui avec méfiance. Il ouvre alors les yeux et vous déclare dans un souffle :
— Vous êtes sur la liste de Zera... On a déjà pris Clive ce matin... au *Cyclotron*... le prochain nom... c'est le vôtre...
Et soudain son regard devient fixe. Il est mort. Inutile donc de chercher Clive maintenant ! Mais s'ils veulent vous attirer au *Cyclotron* – un bar, comme vous n'allez pas tarder à le découvrir en consultant un annuaire –, peut-être pourriez-vous les prendre de vitesse en vous y rendant dès maintenant... histoire de repérer les lieux ! Rendez-vous au **286**.

14

Vous découvrez qu'un système d'alarme a été installé de telle sorte qu'il suffit d'ouvrir la fenêtre pour qu'il se déclenche. Il vous faut peu de temps pour le débrancher et enjamber l'appui de la fenêtre. Vous

27

Les turbines hurlent tandis que vous appuyez à fond sur l'accélérateur et votre bolide tremble lorsque vous percutez l'arrière du véhicule. Vos pare-chocs sont certes enfoncés, mais la collision ne vous a pas causé grand dommage. *Tentez votre Chance*. Si vous êtes Chanceux, rendez-vous au **388**. Sinon rendez-vous au **349**.

28

Les conteneurs sont pleins à craquer de Satophil D. Visiblement ils étaient prêts à être expédiés sur le continent planétaire. Dans un coin de la pièce, vous découvrez le corps ratatiné d'un homme. Des marques de dents prouvent à l'évidence qu'il a été tué par un animal d'une rare férocité ou par un tortionnaire expérimenté. Après le bruit que vous avez fait, d'autres gardes alertés risquent de venir. Allez-vous fouiller l'homme pour tenter de découvrir pourquoi on l'a tué (rendez-vous au **350**) ou préférez-vous quitter les lieux (rendez-vous au **389**) ?

29

Vous saisissez le levier, et la cellule actionne un mécanisme qui produit un petit déclic. Aussitôt l'air s'engouffre en grondant dans la pièce. Rendez-vous au **371**.

30

— Salut, c'est moi ! dites-vous en interpellant familièrement la serveuse qui se tient derrière le comptoir. Je viens d'arriver... Ne connaîtriez-vous pas quelqu'un qui pourrait donner un coup de main à un gars comme moi, une combine quoi, pour travailler au noir ?

— Pour vous ? répond la jeune fille avec dédain.

Qu'est-ce que vous savez faire, débile ? On a besoin de cerveaux ici. A votre avis, pour fabriquer des stupéfiants, il faut quoi ?
— Je suis chimiste. Je sais faire de gentils petits hallucinogènes pour ceux qui aiment voyager en rêve...
Elle vous regarde sans vous voir, tout en plissant les yeux comme si elle réfléchissait intensément. Puis, vous fixant droit dans les yeux, elle remonte légèrement sa jupe pour vous faire remarquer discrètement une petite bourse.
— Ça sera 500 crédits. Un prix d'ami ! dit-elle en se tapant la cuisse.
Allez-vous lui donner la somme qu'elle vient de vous proposer (rendez-vous au **323**) ? Sinon vous avez toujours le choix de vous mêler aux clients (rendez-vous au **362**).

31

A peine avez-vous été éjecté de votre vaisseau qu'il explose, projetant dans l'espace environnant des débris qui brouillent la trajectoire du vaisseau ennemi. Le module dans lequel vous vous trouvez possède un système de pilotage programmé. Aussi, immédiatement, les manœuvres de sauvegarde sont effectuées, et vous vous dirigez bientôt à grande allure vers Fin-de-Terre. Loin, dans l'espace, votre adversaire s'éloigne, sans aucun doute persuadé de vous avoir détruit. Peu de temps après, le module se pose sur le sol gris et crevassé de Fin-de-Terre. Vous mettez pied à terre et vous partez dans la direction du dôme scintillant de la ville, distrait seulement par un morceau de votre vaisseau qui tombe lentement non loin de vous. A l'évidence, ce qui reste de l'épave flottera autour de cette lune pendant longtemps, tant sa gravité est faible. Malgré vos immenses enjambées (de neuf mètres pour le moins !), vous

vous trouvez maintenant dans une petite pièce vide. Rendez-vous au **365**.

15

Tentez votre Chance. Si vous êtes Chanceux, rendez-vous au **327**. Sinon, rendez-vous au **366**.

16

Vous n'avez plus aucune piste. Cependant vous persistez à rester quelques semaines de plus dans le Système d'Aleph-Cygni. Un ordre de la Brigade Fédérale met fin à votre entêtement : « Mission terminée. Echec. »

17

Le chemin zigzague à travers bois pendant un ou deux kilomètres, et vous ne voyez pas la moindre trace du véhicule adverse. Allez-vous néanmoins continuer à suivre ce chemin (rendez-vous au **95**) ou préférez-vous faire demi-tour et reprendre la route principale (rendez-vous au **368**) ?

18

Vous faites un bond sur le côté et vous évitez le coup. Puis vous lui décochez un direct dans le diaphragme qui l'envoie rouler à terre, le souffle coupé. Vous en profitez pour bondir sur lui et lui appliquer une prise qui lui paralyse la nuque.
— Alors, de quoi s'agit-il ? demandez-vous.
Il bredouille et vous montre son bureau qui disparaît presque entièrement sous des piles de dossiers et une console d'ordinateur. Vous décidez d'aller y regarder d'un peu plus près. Rendez-vous au **125**.

19

Vous manœuvrez avec la plus grande attention votre vaisseau, mais l'endroit est truffé de mines à radiation. Lancez deux dés. Si le chiffre obtenu est supérieur ou égal à votre total d'HABILETÉ, rendez-vous au **351**. S'il est inférieur, rendez-vous au **370**.

20

Le couloir mène au poste de contrôle du réacteur nucléaire de l'Astéroïde. Des tableaux de commandes et des écrans recouvrent les murs mais, curieusement, à l'exception d'une serrure à combinaisons, vous ne remarquez aucune manette, aucun levier. Tout doit fonctionner par programme informatisé. Si vous avez la clef qui décode la combinaison de la serrure, rendez-vous au **391**. Sinon, vous revenez sur vos pas jusqu'à l'embranchement et vous prenez l'autre couloir. Rendez-vous alors au **352**.

21

Le couloir zigzague, se divise, tourne. Vous finissez par vous apercevoir que vous avez dû vous tromper à un moment ou à un autre, car vous ne voyez plus trace du tueur. En haussant les épaules, vous pensez que vous aurez plus de chances de le retrouver sur Kelter. Car il est évident qu'une fois que vous aurez quitté Fin-de-Terre, il n'aura plus aucune raison d'y rester. Votre vaisseau vous propulse sur Kelter et, arrivé sur la planète, vous vous rendez au Centre de Documentation Planétaire. Rendez-vous au **80**.

22

Vous calculez avec soin votre point de chute et vous sautez par-dessus la rambarde métallique. Vous tombez sept mètres plus bas. Lancez trois dés et soustrayez le total obtenu de votre total d'ENDURANCE. Si cette chute ne vous a pas tué, vous parvenez à échapper aux tueurs et à quitter l'entrepôt. Vous n'avez découvert qu'un seul indice important (il n'est plus possible de retourner à l'entrepôt), leur « cargaison » vient des Astéroïdes. Rien d'autre à faire, maintenant, que d'essayer de trouver quelqu'un dans l'Industrie Spatio-Orbitale, susceptible de vous renseigner sur les vols clandestins. Rendez-vous au **384**.

23

C'est étonnant, mais il est là ! Il vous regarde avec l'indifférence de quelqu'un habitué à voir les gens faire irruption dans son bureau sans être annoncés. Vous pouvez aller droit au but et l'interroger carrément. Mais allez-vous utiliser la manière forte (rendez-vous au **208**) ou préférez-vous lui jouer un tour de votre façon (rendez-vous au **296**) ?

24

Les deux cadavres flottent en apesanteur, leurs poignards à leurs côtés. Soudain, provenant des nombreux corridors qui débouchent dans la pièce où vous vous tenez, vous parviennent des bruits de pas et des hurlements hystériques. Aussi vous n'hésitez pas une seconde à vous précipiter dans le couloir qui vous a mené jusqu'ici. Allez-vous vous diriger directement vers votre vaisseau et retourner sur Kelter (rendez-vous au **231**) ou emprunter le passage que vous avez remarqué à la bifurcation où vous avez entendu les chants des moines (rendez-vous au **385**) ?

25

Vous appuyez le canon de votre Pistolet Laser sur sa poitrine et vous le plaquez contre le mur.

— Ça ne me suffit pas. Je vais être obligé de vous tuer, grincez-vous.

Il ferme les yeux et marmonne entre ses dents. Va-t-il parler ? *Tentez votre Chance*. Si vous êtes Chanceux, rendez-vous au **347**. Sinon, rendez-vous au **386**.

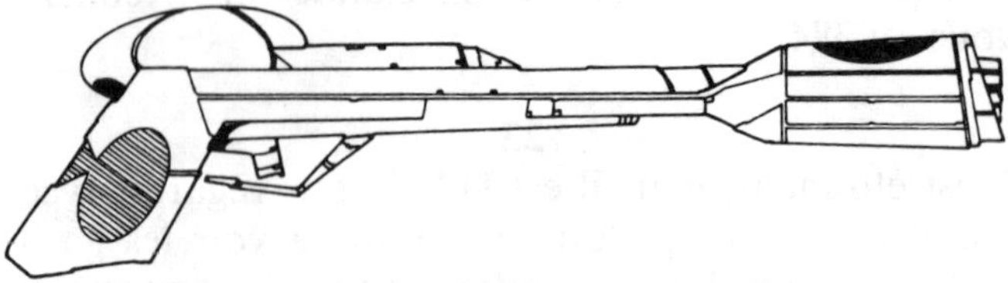

26

Les réacteurs vous propulsent à nouveau, mais sans aucun doute avez-vous mal calculé leur puissance, car vous dérivez maintenant sur une trajectoire tangente au satellite. Il va falloir recommencer la manœuvre si vous vous voulez opérer le réajustement nécessaire. Lancez deux dés. Si le chiffre obtenu est supérieur ou égal à votre total d'HABILETÉ, rendez-vous au **104**. S'il est inférieur, rendez-vous au **182**.

31 *Votre module se pose sur le sol gris et crevassé de Fin-de-Terre.*

marchez pendant des heures et des heures, jusqu'à ce que vous réalisiez, complètement paniqué, que votre réserve d'oxygène s'épuise dangereusement. Soudain, niché dans un cratère situé sur votre droite, vous apercevez une espèce de petit dôme orangé. Il se trouve à environ cinq kilomètres du chemin que vous suivez. Allez-vous vous diriger dans sa direction en espérant qu'il est habité (rendez-vous au **353**) ou préférez-vous poursuivre votre route vers la ville dont vous êtes peut-être proche (rendez-vous au **392**) ?

32

Le garde vous frappe et vous réduit à l'impuissance. Il vous passe les menottes tout en appelant d'autres gardes en renfort. Rendez-vous au **129**.

33

— Hum... Excusez-moi, je ne voulais pas vraiment détruire ces dossiers..., dit-il, inquiet.
— Pas vraiment ? ironisez-vous. C'est-à-dire ?
— Je veux dire... je veux dire... je n'avais pas vraiment de... heu... l'intention. Oh ! et puis, qu'est-ce que vous voulez savoir ?... Je dissimule certains vols en provenance des îles.
— Lesquels ? demandez-vous sèchement.
— Je ne sais pas, moi ! Nous avons ordre d'aller les intercepter lorsqu'ils arrivent en vue de la côte. Mais je dissimule surtout ceux qui partent en direction des Astéroïdes...
— Pour qui travaillez-vous ?
— Je ne sais pas, moi ! On me donne des crédits et...
Vous dit-il vraiment la vérité ? Si vous pensez que vous pourrez en apprendre davantage en l'effrayant un peu plus, rendez-vous au **374**. Mais peut-être vous êtes-vous montré un peu trop rude envers lui.

Ce qui peut expliquer sa confusion. Si vous pensez que tel est le cas, vous pouvez le laisser tranquille et vous rendre au **335**.

34

Le panneau glisse et s'ouvre sur un minuscule sas d'air stérile que vous traversez. Au bout s'ouvre un corridor grossièrement taillé, éclairé par une faible lueur de néon jaune. Il se dirige vers le centre de l'Astéroïde. Les murs sont visiblement recouverts d'une sorte de tungstène sulfurisé qui empêche l'air de filtrer à l'extérieur. La gravitation est à peu près nulle. Vous arrivez bientôt à l'entrée d'une pièce de forme sphérique. Juste au-dessus de votre tête, vous apercevez une petite niche dont le contenu est plongé dans l'ombre. Au-delà de la pièce, le corridor se poursuit en s'enfonçant dans l'Astéroïde. Allez-vous poursuivre votre chemin (rendez-vous au **336**) ou préférez-vous examiner ce que peut contenir la niche (rendez-vous au **375**) ?

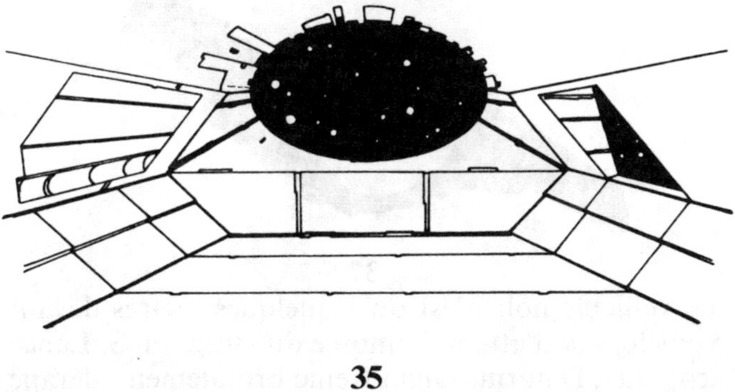

35

C'est avec Mme Torus, la femme de Clive — un de leurs anciens acolytes —, que vous avez rendez-vous. Très exactement dans les serres de l'immense *Planetarium Botanicum* de la Capitale de Kelter.

— Les documents, vous informe le chauffeur à la mine patibulaire qui pilote le véhicule qui vous emmène, sont dans une cartouche de titane ionisé. Elle vous les donnera.
Il se gare derrière une serre et on vous montre l'endroit où Mme Torus vous attend. Puis, brutalement, vous êtes poussé hors du véhicule. Rendez-vous au **376**.

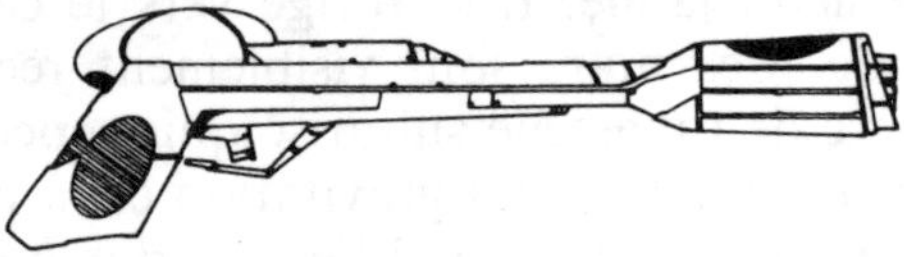

36

Si votre vaisseau a été détruit, vous devez en louer un autre pour 2 000 crédits afin d'effectuer cette translation orbitale. Après quelques jours de recherches en Orbite L-16, vous découvrez enfin le satellite. Rendez-vous au **377**.

37

Le véhicule noir n'est qu'à quelques mètres devant vous lorsqu'il atteint l'amorce du virage en S. Lancé trop vite, l'énorme engin freine brutalement, dérape et fait un tête-à-queue. C'est votre chance ! Vous accélérez. Allez-vous percuter le véhicule à l'arrière (rendez-vous au **135**) ou sur le côté (rendez-vous au **396**) ?

38

La structure est projetée dans les airs où elle explose dans des gerbes de flammes. En poussant un soupir de soulagement, vous enjambez ses débris calcinés et vous poursuivez votre chemin. Peu après vous parvenez à la hauteur d'un passage qui débouche dans le couloir. Allez-vous continuer tout droit (rendez-vous au **340**) ou préférez-vous vous engager dans le passage (rendez-vous au **379**) ?

39

Jetez deux dés. Si le chiffre obtenu est supérieur ou égal à votre total d'HABILETÉ, rendez-vous au **302**. S'il est inférieur, rendez-vous au **341**.

40

La porte s'ouvre... sur la pièce que vous venez de quitter ! Revenez au **186** pour faire un nouveau choix.

41

Vous passez plusieurs heures à lire, dans les journaux des années passées, les relations des procès et des jugements et vous vous étonnez devant la pauvreté des informations qui y sont proposées. Aucun article sur les Trafiquants de Stupéfiants, sinon un petit entrefilet sur une affaire dans un journal vieux de quatre ans : « Tribunal Criminel Central 3 : L'Etat contre Z. Gross et Billy "Bombe" Babbet. Dossier instruit par le magistrat Zark. Accusation : trafic de produits chimiques illégaux (Satophil D). Comparution : 10 h 30. » Il n'y a rien d'autre. Aucune trace de condamnation. Rien. Vous faites apparaître les deux noms sur l'écran du répertoir vidéophonique. Une adresse s'inscrit pour Billy Bombe Babbet, mais rien pour Z. Gross. Allez-vous

vous rendre à l'adresse de B. B. Babbet (rendez-vous au **256**) ou préférez-vous consulter tout d'abord le Fichier Central des Renseignements Informatisés pour voir s'il y a d'autres informations sur ces deux noms (rendez-vous au **246**) ?

42

Vous n'avez pas encore dégainé votre Pistolet Laser qu'il ouvre le feu sur vous. Impossible d'éviter le combat.

TUEUR HABILETÉ : 6 ENDURANCE : 8

Si vous êtes vainqueur, rendez-vous au **13**.

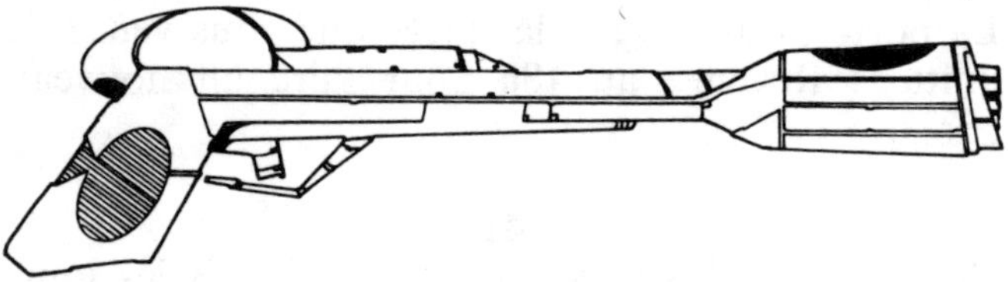

43

Vous escaladez la gouttière et vous grimpez sur le toit. Devant vous s'ouvre une fenêtre. Jetez deux dés : si le chiffre obtenu est supérieur ou égal à votre total d'HABILETÉ, rendez-vous au **82**. S'il est inférieur, rendez-vous au **14**.

44

Vous êtes sur le lieu du rendez-vous. Les serres du *Planetarium Botanicum* renferment des plantes exotiques de toutes provenances, galactiques et extragalactiques. Un spectacle extraordinaire ! Vous apercevez bientôt Mme Torus. La cartouche de titane ionisé dépasse de son sac. Elle vous attend et ne semble pas encore avoir remarqué votre présence. Allez-vous en profiter pour jeter un coup d'œil alentour, afin de vous assurer que vous êtes seuls (rendez-vous au **15**) ou préférez-vous vous diriger sans attendre vers elle (rendez-vous au **376**) ?

45

Pendant quelques heures, il ne se passe pas grand-chose. Puis, un Hélijet se pose. Il a une cargaison d'une tonne de petits conteneurs en plastique Securit qui est rapidement déchargée sur un transporteur autoguidé qui l'emporte vers le Poste de Contrôle où elle doit être inspectée par les Douaniers. L'un d'eux ouvre un conteneurs.

— Bien, dit-il. Voilà la marchandise !

— Laquelle ? demande un autre Douanier.

— Tu sais bien, le Satophil D, la drogue, si tu préfères ! Rien à déclarer ? ajoute-t-il en se tournant vers le pilote de l'Hélijet.

— Non, bien sûr, répond celui-ci.

— Bon, contrôle effectué, déclare le Douanier en appliquant sur les conteneurs le gros tampon à infrarouge magnétique : *Service des Douanes. Autorisé à l'exportation*.

Jusqu'où pousseront-ils l'audace ? Il est temps de mettre un terme à tout cela. Vous surgissez brusquement de votre cachette, le Pistolet Laser au poing.

— Personne ne bouge ! hurlez-vous.

Votre brutale irruption les cloue sur place et vous profitez de la surprise pour essayer d'obtenir d'eux le nom de celui qui est à la tête du Réseau de Trafiquants. Devant votre détermination et le canon de votre arme, ils n'offrent pas la moindre résistance.

— La Tour Isocèle, dit l'un des Douaniers.

— En ville..., continue un autre.
— Au dernier étage... précise le premier.
— Et n'oubliez pas le satellite de communication sur l'Orbite L-16, ajoute précipitamment le pilote de l'Hélijet.
Vous les enfermez tous dans votre vaisseau spatial. Quelle sera votre prochaine étape : la Tour Isocèle (rendez-vous au **320**) ou le satellite de communication (rendez-vous au **36**) ?

46

Votre bolide dérape mais reste néanmoins sur la route. Devant vous, le véhicule ennemi a disparu, masqué par l'épaisseur de la végétation. Bientôt, vous arrivez à la hauteur d'un chemin transversal qui débouche sur votre droite. Quelle direction ont pris vos adversaires ? Allez-vous rester sur la grand-route (rendez-vous au **329**) ou préférez-vous vous engager dans le chemin transversal (rendez-vous au **17**) ?

47

Le combat a été rude ! Si vous le désirez, vous pouvez prendre le Pistolet Laser multiperformant du premier tueur. Chaque fois que vous utiliserez cette arme contre un adversaire, il perdra 6 points d'ENDURANCE supplémentaires lorsque vous le toucherez. Quand la fumée s'est dissipée, vous vous approchez de la porte du bureau privé et vous l'ouvrez. Un employé, grand et maigre, se jette sur vous en brandissant un presse-papiers.
— Dehors ! dehors ! crie-t-il en essayant de vous frapper.
Comme il vous a pris par suprise, vous devez *Tenter votre Chance*. Si vous êtes Chanceux, rendez-vous au **18**. Sinon, rendez-vous au **369**.

48

Vous visez l'une des mines – une sorte de petite boule chargée d'une énergie potentielle suffisante pour vous réduire en atomes — et vous faites feu. La déflagration est beaucoup plus forte que prévu et l'impact de l'explosion endommage votre vaisseau. Vous aviez mal calculé votre marge de sécurité, ce qui vous fait perdre 1 point de DÉFENSE. Par chance, grâce à l'inattention de vos ennemis, les mines ont été mal réparties. Une réaction en chaîne s'amorce et elles sautent toutes, vous laissant la voie libre. Vous pouvez maintenant continuer en direction de l'Astéroïde. Rendez-vous au **312**.

49

Le Tripode vaincu, vous traversez le pont et vous vous engagez dans le couloir qui s'ouvre à son extrémité. Au bout de quelques pas, vous parvenez à une bifurcation. Allez-vous tourner à gauche (rendez-vous au **352**) ou à droite (rendez-vous au **20**) ?

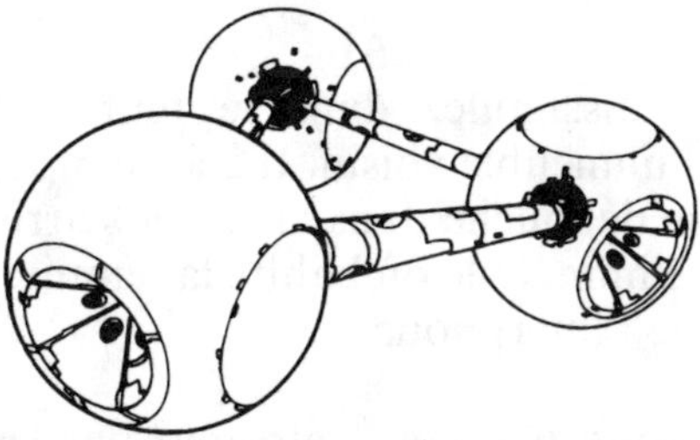

50

Alors que vous êtes en train de tourner autour de Fin-de-Terre en en observant attentivement sa surface, votre ordinateur de bord vous avertit soudain que deux Exterminateurs Cybernétiques sont sur votre trajectoire. Lancés depuis l'autre côté de Fin-de-Terre, ils foncent droit sur vous ! Leurs Lasers vous bombardent déjà de rayons meurtriers ! Ils vous coupent la route et vous avez peu de chances de leur échapper sans combattre. A l'instant même où vous enclenchez le dispositif « Défense passive par simulation optique », vous vous demandez : « A quoi bon ? » mais vous décidez quand même de combattre.

	ARMEMENT	DÉFENSE
Premier EXTERMINATEUR	7	1
Second EXTERMINATEUR	7	1

Si votre vaisseau est détruit, lancez un dé. Si le résultat est un chiffre pair, vous allez pouvoir vous éjecter à temps. Rendez-vous au **31**. Sinon, vous disparaissez corps et biens dans l'espace. Si vous êtes vainqueur, rendez-vous au **294**.

51

Vous vous dissimulez dans le renfoncement du porche de l'immeuble voisin. Il était temps : un individu maigre débouche dans la rue et s'arrête devant la porte de l'immeuble où habite la femme. Il pousse le bouton de l'interphone.

— Zera ?

— Oui, répond une voix déformée par les grésillements.

— C'est Arthur.

— Tu peux monter.

L'homme pénètre dans l'immeuble et en ressort au bout de dix minutes. Il regarde prudemment à gauche et à droite avant de s'éloigner rapidement en

50 *Deux Exterminateurs Cybernétiques foncent sur vous.*

direction du centre-ville. Vous pouvez soit le suivre (rendez-vous au **2**), soit continuer votre surveillance au pied de l'immeuble (rendez-vous au **109**).

52

Les deux hommes ne remarquent pas votre présence.

— Tout est prêt ? demande l'un d'eux.

— Ouais, à quelle heure arrive la marchandise ?

— Demain dans la journée. Elle vient des Astéroïdes. Impossible de savoir l'heure exacte. Il peut y avoir des problèmes...

— Ah !

Ils discutent encore pendant un moment, puis quittent l'entrepôt. Le quai surélevé est trop haut pour que vous puissiez sauter, aussi vous redescendez par les escaliers. Allez-vous poursuivre vos recherches dans l'entrepôt et voir ce qu'il y a derrière l'autre porte (rendez-vous au **3**) ou préférez-vous le quitter pour vous mettre en quête d'un employé de l'Industrie Spatio-Orbitale, susceptible de vous renseigner sur les vols clandestins dont parlaient les deux hommes (rendez-vous au **384**) ?

53

Vous esquissez un geste pour écraser l'insecte, mais il s'envole, se pose sur une poutre au-dessus de vous et vous regarde toujours fixement. Vous essayez d'échapper à sa surveillance en sautant dans un Turbolift, en traversant un centre commercial noir de monde, puis en prenant divers ascenseurs pour monter ou descendre. En vain, car, en sortant d'un ascenceur, vous vous trouvez face à deux hommes qui braquent leurs Pistolets Lasers à moins de quinze centimètres de votre estomac. Vous n'avez aucune chance de leur échapper car, s'ils tiraient à cette distance, ils vous mettraient en charpie. Vous les précédez vers une porte située au fond du magasin. Rendez-vous au **316**.

54

Qu'allez-vous faire ? Questionnez cette chose monstrueuse (rendez-vous au **356**) ou lui ordonner de disparaître (rendez-vous au **5**) ?

55

— Mains en l'air ! ordonne le garde en marchant vers vous, son Pistolet Laser braqué sur votre estomac. Pour qui vous prenez-vous donc, espèce d'ahuri ?

Vous levez les bras. Allez-vous lui révéler que vous êtes un détective de la Brigade Fédérale des Stupéfiants (rendez-vous au **6**) ou essayer de conserver l'incognito en tentant de l'acheter (rendez-vous au **318**) ?

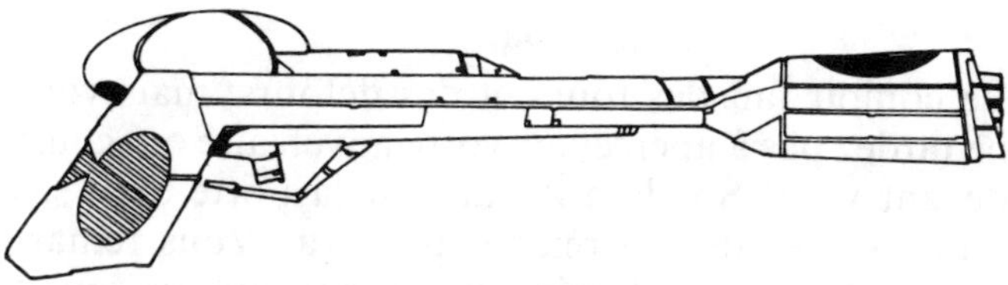

56

Soudain, vous sortez de la forêt au moment où un large virage s'amorce sur la droite. Personne en vue, si ce n'est le véhicule noir qui, à quelque 250 mètres devant vous, roule à toute allure. Allez-vous prendre le risque de couper le virage pour gagner du terrain (rendez-vous au **290**) ou préférez-vous suivre normalement la route (rendez-vous au **7**) ?

57

Vous l'avez manqué de quelques centimètres ! Il fonce dans les virages avec un bruit d'enfer, mais vous le suivez de près. Rendez-vous au **378**.

58

Vous quittez la pièce par un autre couloir et vous arrivez vite à une bifurcation : à gauche, comme à droite, un nouveau corridor baigne dans une vague lueur jaune avant de tourner. Si vous souhaitez prendre ce corridor sur la gauche, rendez-vous au **360**. Si vous décidez de le prendre sur la droite, rendez-vous au **9**.

59

Vous avez réussi votre saut sur la première sphère. Préparez-vous à bondir sur la suivante. Jetez deux dés. Si le chiffre obtenu est supérieur ou égal à votre total d'HABILETÉ, rendez-vous au **10**. S'il est inférieur, rendez-vous au **361**.

60

Le couloir fait des tours et des détours, mais vous ne tardez pas à apercevoir votre adversaire qui court devant vous. Soudain il bute sur la porte d'un sas qu'il essaye désespérément d'ouvrir. Vous remarquez que le voyant lumineux qui se trouve au-dessus de la porte est rouge, ce qui signifie qu'elle donne sur le vide ! Avec des gestes fébriles, l'homme a réussi à ouvrir la porte : la dépressurisation est instantanée. L'air reflue du couloir en sifflant et l'entraîne irrémédiablement dans le vide cosmique des confins de Fin-de-Terre. Avec horreur vous voyez son corps tournoyer lentement dans l'espace sans pesanteur, au-dessus d'une vaste plaine grise. Le souffle vous a entraîné, vous aussi, mais heureusement le système de sécurité de la porte du sas a fonctionné avant que vous ne soyez projeté dans le vide. Vous retournez à votre vaisseau et vous partez à la recherche de votre malheureux ennemi. Quand finalement, vous le retrouvez, il ne vous livre que peu d'informations. Pas d'identité, évidemment. Il ne vous dévoile qu'un seul et maigre indice : vous découvrez, en effet, dans ses vêtements une petite pièce détachée d'Hélijet. Sans doute n'était-il qu'un mécanicien anonyme... quand il ne tirait pas sur des étrangers ! Vous n'avez plus aucune raison de vous attarder sur Fin-de-Terre, aussi décidez-vous de regagner Kelter. De retour sur la planète, vous pouvez soit vous rendre à l'un des Héliports, près de la Capitale (rendez-vous au **206**), soit vous livrer à quelques « recherches » au Centre de Documentation Planétaire (rendez-vous au **80**).

61

La structure métallique aérienne mène à une porte qui donne sur le toit. Vous recevez soudain un coup dans le dos qui vous fait tomber à genoux. La dernière chose que vous entendez, c'est le déclic d'un Pistolet Laser qu'on arme. Vous avez échoué dans votre mission.

62

Il y a vraiment trop de dossiers à consulter. Vous décidez donc de jeter un coup d'œil dans les tiroirs du bureau. Rendez-vous au **179**.

63

Brandissant votre Pistolet Laser, vous vous laissez flotter jusqu'au-dessus d'eux. « Hum ! hum ! » faites-vous pour attirer leur attention. Ils lèvent la tête, mais restent parfaitement indifférents à la vue de votre arme. Ils se contentent de pousser des hurlements : « Un intrus ! Un intrus dans le monastère ! » Puis, comme saisis de panique, ils tirent de longs couteaux, dissimulés dans les plis de leurs bures, et ils essayent de vous en porter de violents coups. L'un crie : « Sus à l'infidèle ! », l'autre : « A mort l'hérétique ! » Ils vous attaquent chacun à leur tour et vous allez devoir les combattre au corps à corps.

	HABILETÉ	ENDURANCE
Premier MOINE	9	5
Deuxième MOINE	7	5

Si vous êtes vainqueur, rendez-vous au **24**.

64

— Ne me tuez pas, chuchote-t-il. Je vais vous dire... tout que je sais.

Vous faites quelques pas menaçants dans sa direction.

— Bonne idée, dites-vous pour l'encourager.

— Nous avons des co... co... comm... communications avec un satellite. Sur l'Orbite L-16, je... je... je crois. Ils nous disent quand il y va y avoir une... une... une livraison. Mais... mais... mais..., bégaie-t-il.

63 *Les moines tirent de longs couteaux, dissimulés dans les plis de leurs bures.*

— Mais, quoi ?
— mmmmais, rien... c'est... c'est... c'est tout !
Il est possible qu'il vous ait dit la vérité. Si vous pensez ainsi, vous pouvez immédiatement partir à la recherche de ce satellite (rendez-vous au **36**). Mais si vous croyez qu'il en sait davantage, vous pouvez peut-être essayer de le bousculer un peu pour vous en assurer (rendez-vous au **25**).

65

Vous avez fait une erreur de pilotage : vous avez coupé l'arrivée de carburant de l'un de vos réacteurs, ce qui vous fait tournoyer lentement dans l'espace. Lorsque vous vous en apercevez, vous n'avez couvert que le quart de la distance. Il va falloir recommencer la manœuvre avec les deux réacteurs. Jetez deux dés. Si le chiffre obtenu est supérieur ou égal à votre total d'HABILETÉ, rendez-vous au **26**. S'il est inférieur, rendez-vous au **260**.

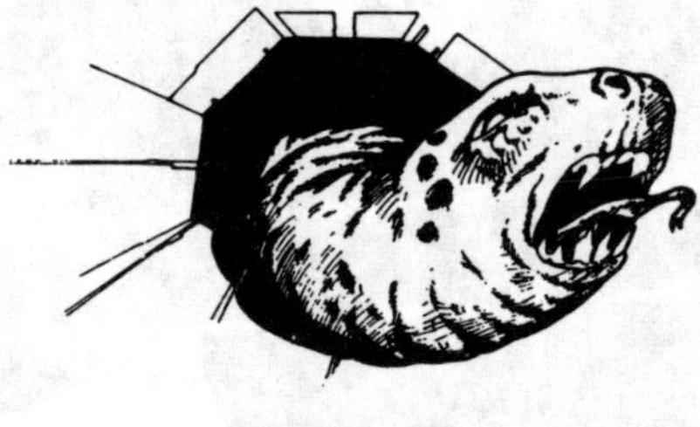

66

Le véhicule part dans un terrible dérapage puis il fait un tête-à-queue. Poursuivant sa course folle, il heurte violemment l'accotement et accomplit une série de tonneaux avant de s'écraser contre un arbre. Un freinage en douceur vous fait vous arrêter d'une façon plus civilisée au bord de la route ! Rendez-vous au **359**.

67

Vous donnez une forte poussée et la porte s'ouvre sur une grande pièce où sont entreposés des conteneurs en plastique Sécurit. Quatre gardes à l'air peu engageant occupent également cette salle. Ils dégainent et tirent dès qu'ils vous voient. Impossible d'éviter le combat.

	HABILETÉ	ENDURANCE
Premier GARDE	7	6
Deuxième GARDE	6	6
Troisième GARDE	5	4
Quatrième GARDE	5	4

Si vous êtes vainqueur, rendez-vous au **28**.

68

Vous sautez mais vous le manquez de quelques millimètres. Vous vous agrippez frénétiquement au rebord du sas, mais l'appel d'air est trop violent. Il vous entraîne inéluctablement dans le vide. Vous avez échoué dans votre mission.

69

L'image vole en éclats lorsque vous faites feu, et vous entendez alors l'autre Billy Bombe Babbet qui éclate de rire. Il lève alors son arme et, curieusement, vise à côté de vous. Les particules désintégrantes de son Laser traversent l'écran-miroir et vous déchiquettent. Avec horreur, vous comprenez que vos deux adversaires n'étaient que les reflets du véritable Babbet qui était resté dissimulé derrière l'écran-miroir. Vous vous effondrez sur le sol. Vos blessures sanguignolantes laisseront à jamais une tache qui sera du plus mauvais effet sur le luxueux tapis de laine. Vous expirez dans un râle.

70

La femme ne semble pas avoir remarqué votre présence. Elle arrive peu après devant un immeuble de cinq étages dans lequel elle pénètre. Quelques minutes plus tard, une lumière s'allume au quatrième. Vous vous approchez alors de l'entrée de l'immeuble et vous consultez la liste des locataires. Cinq noms, un par étage probablement. Le quatrième est occupé par :

Zera Gross
Import/Export
Planétaire et interplanétaire

Allez-vous décider de surveiller cet appartement (rendez-vous au **51**) ou, pensant qu'à chaque jour suffit sa peine, préférez-vous attendre le lendemain matin pour vous rendre au Centre de Documentation Planétaire où vous pourrez peut-être obtenir des renseignements sur cette Zera Gross (rendez-vous au **80**) ?

71

A peine avez-vous atteint le sol qu'une lumière éblouissante vous aveugle. « Halte ! » crie une voix. Vous vous êtes fait suprendre comme un débutant. Vous allez devoir affronter le garde qui vous a découvert. Pas question d'utiliser votre Pistolet Laser : le bruit des explosions risquerait d'attirer d'autres gardes. Vous bondissez donc sur lui pour le combattre dans un furieux corps à corps.

GARDE	HABILETÉ : 10	ENDURANCE : 8

Si vous êtes vainqueur, ne tenez aucun compte des blessures qu'il a pu vous infliger car elles sont superficielles et rendez-vous au **119**. Si vous êtes vaincu, rendez-vous au **32**.

71 *Une lumière éblouissante vous aveugle. « Halte ! » crie le garde.*

72

— Ne me mettez pas en prison, gémit-il. Je vous ai tout dit.

— Comment s'appelle l'Inspecteur Principal des Douanes ? demandez-vous.

— Zac... Zac Kalensus, dit-il. Il me paye... mais, c'est terminé... je ne le ferai plus...

— On verra, on verra, grommelez-vous.

Rendez-vous au **111**.

73

Vous vous propulsez en direction de l'Astéroïde C-230. Cependant, si votre vaisseau a été détruit, vous devez, pour ce faire, en louer un autre pour la somme de 2 000 crédits afin d'effectuer cette translation orbitale. L'Astéroïde C-230 a environ 300 m de diamètre. Les seules traces de présence humaine sont une plate-forme d'atterrissage et quelques antennes. Tout paraît trop calme... Votre arrivée n'a pas déclenché le tir de Missiles antispatiaux auquel vous vous attendiez. Du moins pas encore... Vous revêtez votre Combinaison Pressurisée et vous vous laissez dériver dans l'espace autour de l'Astéroïde. Vous découvrez vite qu'il n'y a, apparemment, que trois entrées : la plate-forme d'atterrissage, une petite écoutille de secours et un conduit de climatisation. La plate-forme d'atterrissage est un peu trop risquée. Aussi qu'allez-vous faire ? Allez-vous essayer de pénétrer à l'intérieur de l'Astéroïde par l'écoutille (rendez-vous au **34**) ou par le conduit de climatisation (rendez-vous au **229**) ?

74

Manqué ! Mais le bruit que vous avez fait a attiré son attention et, se retournant, il vous aperçoit. D'un geste, il porte un petit émetteur à ses lèvres et prononce quelques mots. Vous en profitez pour le viser à nouveau mais, faisant preuve d'une agilité peu commune, il se laisse glisser de l'arbre tout en tirant au jugé sur vous. Le coup vous atteint à la main, et vous perdez 1 point d'HABILETÉ. Tout en tenant votre main blessée, vous entendez maintenant les bruits d'autres détonations, suivis du cri d'une femme. Vous vous lancez derrière votre agresseur et vous trébuchez presque sur le corps de Mme Torus étendu non loin du véhicule noir que vous aviez aperçu et portant à l'évidence de nombreuses blessures. Non loin du corps se trouve la cartouche de titane qu'elle vous avait apportée. Sans que vous pouviez faire le moindre geste pour l'en empêcher, votre agresseur s'en saisit avant de se ruer dans le véhicule noir qui démarre aussitôt dans un crissement de pneus. Allez-vous lui donner la chasse (rendez-vous au **191**) ou préférez-vous porter secours à Mme Torus (rendez-vous au **210**) ?

75

Vous faites le tour des bars les plus mal famés de la ville dont certains vous sont déjà connus. Vous posez de nombreuses questions. Sans succès. Vous vous heurtez à un véritable mur de silence. Le réseau a été averti de votre présence. Rendez-vous au **16**.

76

Vous poursuivez vos adversaires à travers la forêt, pare-chocs contre pare-chocs. Soudain la route quitte la forêt et se poursuit en terrain découvert gravissant une côte abrupte. Allez-vous vous porter à la hauteur du véhicule noir (rendez-vous au **310**) ou essayer de le heurter à l'arrière (rendez-vous au **27**) ?

77

Vous continuez à suivre le couloir et vous arrivez bientôt à une intersection. Allez-vous poursuivre votre chemin tout droit (rendez-vous au **340**) ou préférez-vous vous engager dans le passage de droite (rendez-vous au **379**) ?

78

Vous ouvrez le feu alors qu'elle tente de vous attirer dans son champ magnétique mortel.

SENTINELLE HABILETÉ : 7 ENDURANCE : 10

Si vous êtes vainqueur, rendez-vous au **263**.

79

Un petit dard empoisonné, lancé par une minuscule ouverture dissimulée dans un coin de la pièce, vous atteint. La porte ne s'ouvre pas. Vous perdez 1 point d'ENDURANCE. Retournez au **186**.

80

Le Centre de Documentation Planétaire est un énorme complexe qui renferme des millions de logiciels, de microfilms — et même quelques livres. Aucune présence humaine : pas de personnel, ni de consultants. Les abonnés reçoivent les informations ou les microfilms qu'ils demandent par câbles. Vous vous installez devant un terminal sur lequel clignote la mention : « *Consultation sur place uniquement.* » Allez-vous commencer par examiner les journaux des années antérieures pour y chercher les éventuels articles traitant de crimes locaux commis par des bandes organisées (rendez-vous au **41**) ou préférez-vous prendre connaissance des statistiques économiques par secteurs de production (rendez-vous au **12**) ?

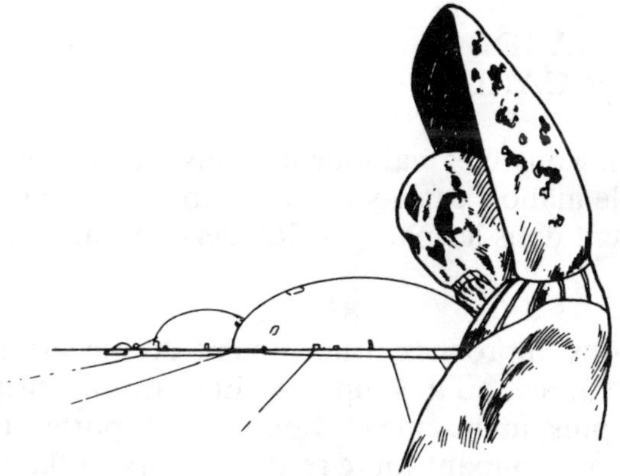

81

Le nom ne semble rien dire au patron. Et il n'a vu personne entrer à part les clients que vous avez vous-même remarqués. Vous vous en allez de mauvaise humeur.

— Hé, vous ! crie soudain quelqu'un derrière vous. Vous vous retournez et vous voyez un individu un peu trop soigné pour être honnête. D'ailleurs, il braque un Pistolet Laser sur vous !
— Par ici ! dit-il en agitant son arme d'un geste menaçant.
Allez vous essayer de fuir (rendez-vous au **364**) ou préférez-vous tenter de dégainer votre arme (rendez-vous au **42**) ?

82

A peine avez-vous touché à la fenêtre qu'une alarme se déclenche. Des pas se rapprochent dans le jardin, d'autres derrière la fenêtre. Vous êtes fait comme un rat ! Deux gardes apparaissent. Vous allez devoir les combattre.

	HABILETÉ	ENDURANCE
Premier GARDE	8	6
Deuxième GARDE	6	6

Même si vous êtes vainqueur, vous êtes obligé de quitter le manoir car il y a beaucoup trop de gardes qui rôdent dans les parages. Rendez-vous au **231**.

83

Vous vous approchez prudemment du piédestal et de la flamme qu'il supporte. Elle semble briller encore plus intensément. Soudain les portes claquent, vous coupant toute retraite. Alors, la flamme prend peu à peu la forme d'un monstrueux serpent à tête humaine, autour de laquelle une douzaine de tentacules écailleux s'agitent en tous sens. Une sombre couleur bleue l'envahit, et sa bouche s'étire en un immonde sourire. Des ailes membraneuses apparaissent maintenant dans son dos. Votre terreur est

81 *Un individu braque un Pistolet Laser sur vous !*

telle que vous ne pouvez esquisser le moindre geste lorsque la créature avance vers vous ses tentacules ondulants qui s'enroulent autour de votre corps. Si vous connaissez la prière de Thuvald, c'est peut-être le moment de la réciter (rendez-vous au **122**). Sinon vous pouvez tenter de tirer sur le monstre (rendez-vous au **93**) ou essayer de lui parler (rendez-vous au **54**).

84

Le garde longe la rangée d'armoires et arrive devant la vôtre. Il pose la main sur le loquet.

— Hé, Harry ! crie alors une voix dans l'entrepôt. C'est la pause mégacool H, mon vieux !

— Déjà ? s'étonne le garde (Il regarde l'heure au prisme aérien.) C'est pourtant vrai !

Il s'éloigne de votre cachette et part rejoindre son ami. Vous l'avez échappé belle ! Rendez-vous au **45**.

85

Vous foncez dans la forêt à plus de 200 km/h lorsque, soudain, la route fait un virage en S entre deux bouquets d'arbres touffus. Vous luttez désespérément pour garder votre direction et rester sur la route. Jetez deux dés. Si le chiffre obtenu est supérieur ou égal à votre total d'HABILETÉ, rendez-vous au **270**. S'il est inférieur, rendez-vous au **46**.

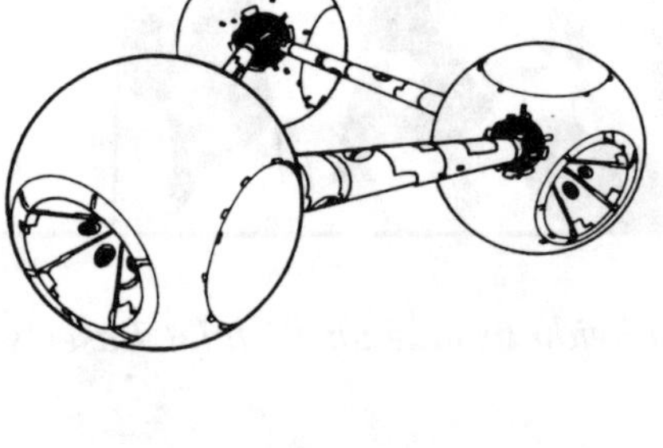

86

Vous pénétrez dans une petite entrée menant à un bureau privé. Deux personnages, des brutes à l'air peu engageant, se tiennent debout près d'une énorme table en bois. Ils enfournent des piles de dossiers qui sont entassés dans une machine à déchiqueter et ils jettent des bandes magnétiques dans un petit incinérateur mural. Ils sont tous les deux armés. Vous vous jetez à terre dès que vous les voyez et vous faites feu immédiatement. L'un d'eux a un Pistolet Laser multiperformant.

	HABILETÉ	ENDURANCE
Premier TUEUR	10	6
Deuxième TUEUR	6	6

Si vous êtes vainqueur, rendez-vous au **47**.

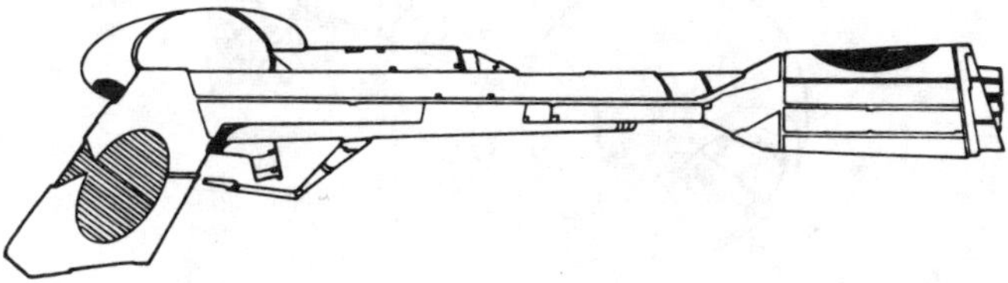

87

Vous retournez sur le continent et, de là, vous vous propulsez vers l'Anneau d'Astéroïdes. Si votre vaisseau a été détruit vous devez, pour ce faire, en louer un autre pour 2 000 crédits. Si vous n'avez pas la somme suffisante, votre mission s'achève ici. Vous entrez bientôt dans la zone de l'Astéroïde contrôlé par les Trafiquants de Stupéfiants. Un avertissement en lettres lumineuses s'inscrit alors sur l'écran de commande de votre vaisseau : « *Champ de force miné.* » Vous faites apparaître l'image sur l'écran : les mines sont sphériques et forment une chaîne globuleuse autour de l'Astéroïde. La situation devient délicate ! Allez-vous faire feu sur les mines pour vous ouvrir un passage (rendez-vous au **48**) ou préférez-vous tenter de manœuvrer habilement pour les éviter (rendez-vous au **19**) ?

88

Vous vous jetez de côté pour éviter les éclairs tout en dégainant votre arme.

TRIPODE HABILETÉ : 7 ENDURANCE : 10

Si vous êtes vainqueur, rendez-vous au **49**.

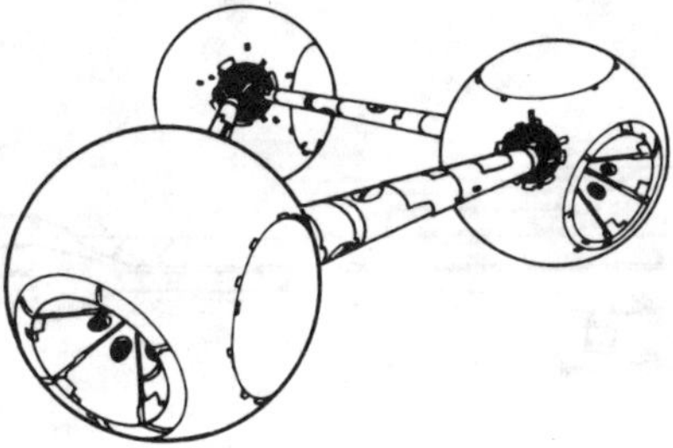

89

Vous vous rendez sur l'Héliport principal, où travaille le Commandant en chef de la Base Spatio-Orbitale. Allez-vous attendre la fin de son service pour le suivre jusqu'à sa demeure et là, lui poser quelques questions (rendez-vous au **247**) ou bien allez-vous essayer de pénétrer dans son bureau en son absence (rendez-vous au **257**) ?

87 *Les mines sphériques forment une chaîne globuleuse autour de l'Astéroïde.*

90

Vous revenez au Centre la nuit venue. L'obscurité ne vous protège nullement contre les appareils de détection, mais au moins êtes-vous certain que tout le personnel est parti. Vous n'essayez même pas de franchir la clôture électrifiée car elle doit être, de plus, reliée à un dispositif d'alarme. Vous choisissez plutôt de grimper le long d'une canalisation que vous apercevez sur un mur du blockhaus qui a été installé pour l'accueil du public. Vous en atteignez rapidement le toit. De là, vous poursuivez votre progression en vous servant d'un câble qui relie le blockhaus au bâtiment principal. Vous arrivez sans encombre sur son toit où vous remarquez une petite lucarne qui s'ouvre à votre première tentative. Sans hésiter, vous sautez à l'intérieur du bâtiment. *Tentez votre Chance*. Si vous êtes Chanceux, rendez-vous au **119**. Si vous êtes Malchanceux, rendez-vous au **71**.

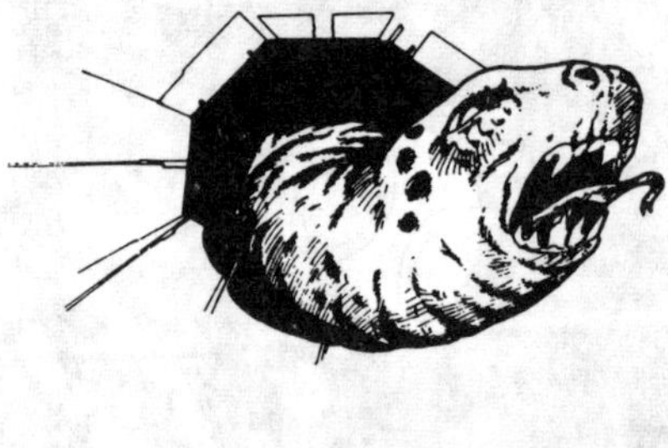

91

En poussant un soupir de soulagement, vous sortez de l'entrepôt. Mais soudain vous entendez derrière vous un bruit de pas précipités et vous vous retournez juste à temps pour voir un autre tueur surgir de derrière un tas de gravats. D'un geste, vous dégainez votre arme. « Non, attendez ! » dit l'homme en brandissant un morceau de papier. Vous hésitez.

Puis vous lui arrachez le papier des mains et vous partez au pas de course, le plus loin possible de l'entrepôt. Lorsque vous vous croyez enfin en sécurité, vous vous arrêtez pour lire le message :

> Cher Stup,
>
> Retrouve-moi au *Star Heroïc Bar*
> à neuf heures, demain matin.
> Un ami, malchanceux dans le crime.
>
> Clive Torus

Vous n'avez rien à perdre en acceptant ! Rendez-vous au **315**.

92

Alors que vous avez échoué dans un bar minable et que vous tuez le temps en échangeant quelques mots avec un vieux mineur d'Astéroïde, un petit insecte bourdonnant se pose sur votre épaule. Vous allez pour le chasser d'un geste machinal lorsque vous réalisez qu'il ne s'agit pas d'un insecte, mais de la copie parfaite d'un insecte, et, en l'examinant attentivement, vous découvrez deux réacteurs minuscules sous ses ailes artificielles et une microcaméra incorporée dans l'un de ses yeux. Allez-vous essayer de vous débarrasser de cet insecte-espion (rendez-vous au **53**) ou bien préférez-vous vous rendre à la base spatiale sans vous en soucier, pour poursuivre votre enquête (rendez-vous au **345**) ?

93

Vous dégainez avec peine votre Pistolet Laser et vous tirez dans la tête du monstre qui ricane. Il grandit, jusqu'à devenir énorme et, ouvrant une gigantesque gueule, il vous dévore tout cru.

94

Vous vous éloignez du dépôt au pas de course. Le garde tire sur vous mais vous manque. Il semble que vous ne pourrez plus revenir à proximité de la Station Orbitale pendant un certain temps : mieux vaut donc chercher une autre piste. Rendez-vous au **231**.

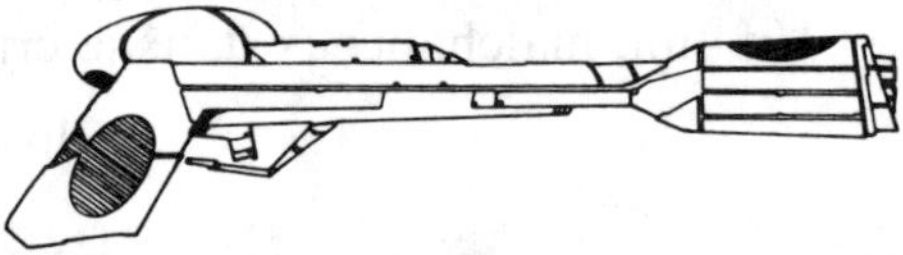

95

Vous suivez cette route pendant une dizaine de kilomètres, sans voir la moindre trace du véhicule. Inutile de vous leurrer, il vous a bel et bien échappé ! Et c'est en maugréant que vous revenez sur la ville. Rendez-vous au **16**.

96

Le préposé de service lisse les faux plis de son uniforme et s'engouffre dans le couloir en vous faisant signe de le suivre. Il vous introduit dans une grande pièce essentiellement meublée d'un énorme bureau, derrière lequel est assis un enquêteur non moins imposant.

— Bonjour ! dites-vous après le départ du préposé. Je suis Détective, catégorie A, de la Brigade Fédérale des Stupéfiants. J'ai été envoyé en mission ici pour démanteler le réseau du trafic qui sévit dans Aleph-Cygni. Toute information ou aide que vous pourrez me fournir me seront utiles.

— Mais oui, bien sûr, mon vieux ! dit-il d'un ton jovial. Voulez-vous un cigare ? Un Végan, un vrai. (Il allume le sien avant de poursuivre.) Je serais ravi

de vous aider, mais ici, sur Aleph-Cygni, il n'y a pas de Réseau de Trafiquants.
— Comment ?
— Balivernes ! Nous n'avons aucune preuve qu'il y ait eu des opérations de grande envergure. Juste une petite filière sur Fin-de-Terre, mais elle ne suffirait même pas à ravitailler ma grand-mère. Ha ! ha ! ha !
— Donc le seul réseau que vous connaissez se trouve sur la petite lune ?
— Oui, c'est le seul. (Son visage jovial rayonne d'amabilité.) Vous pouvez aller vérifier. Mais à votre place, je n'en ferais rien.
— Vraiment ?
— On vous a envoyé sur une fausse piste, c'est mon opinion. Ah, là, là ! ces Agents Fédéraux ! Sauf votre respect, ils ne sauraient même pas distinguer un Réseau de Trafiquants d'une dent de Scolopendre géant.
Ce n'est pas impossible. Mais visiblement, pour parler le jargon politique, vous avez affaire à une campagne de désinformation. Menée par qui ? les Autorités locales ou fédérales ? Vous décidez de ne tenir aucun compte de l'opinion de cet homme sur l'efficacité de la Fédérale. Vous poursuivrez donc votre enquête jusqu'à ce que votre propre conviction soit faite. Allez-vous prendre la destination de Fin-de-Terre (rendez-vous au **398**) ou bien allez-vous continuer à chercher dans les bars et les cafés quelqu'un susceptible de vous renseigner (rendez-vous au **299**) ?

97

Impossible d'éviter le combat.

HEPTAPODE HABILETÉ : 8 ENDURANCE : 8

Si vous êtes vainqueur, rendez-vous au **58**.

98

Vous manquez la sphère de peu et vous glissez le long de sa surface, vous raccrochant au dernier moment à son espèce de poignée inférieure. Malheureusement, vous êtes à portée de l'un des monstres et, avant que vous ayez pu faire le moindre geste, vous le voyez ouvrir une effroyable gueule aux dents acérées qui vous mordent cruellement. Vous perdez 4 points d'ENDURANCE. Rendez-vous au **59**.

99

Vous marchez dans les vastes couloirs de la ville dôme, plongé dans vos réflexions. Soudain le couloir tourne, et vous heurtez quelqu'un venant de la direction inverse : « Oh, excusez-moi ! » dites-vous. Vous levez les yeux... C'est lui ! le tueur... Il vous reconnaît, laisse tomber le sac qu'il tient — son Pistolet Laser doit y être — et vous décoche un coup de poing qui vous envoie rouler à terre. Puis il s'enfuit en courant par l'un des couloirs. Vous vous précipitez derrière lui, mais il a déjà disparu à une bifurcation et vous n'avez, malheureusement, pas vu de quel côté il a tourné. Allez-vous prendre à gauche (rendez-vous au **60**) ou à droite (rendez-vous au **21**) ?

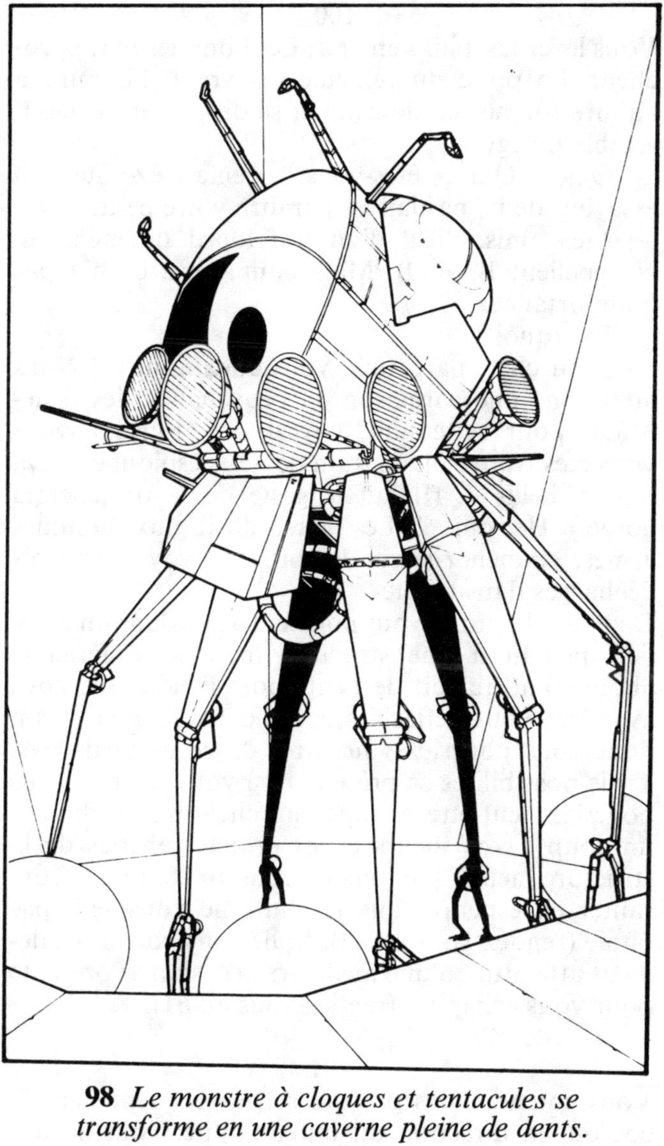

98 *Le monstre à cloques et tentacules se transforme en une caverne pleine de dents.*

100

Vous levez les mains en l'air. Les hommes se rapprochent. La porte du véhicule s'ouvre et l'homme à l'allure soignée en descend et se dirige vers vous. Il semble intrigué.

— Qui... Qui... êtes-vous ? demandez-vous en essayant de ne pas laisser paraître votre peur.

— Mes amis, dit-il d'un ton lourd de menaces, m'appellent B. B. B. Mais pour vous, ça n'a pas d'importance.

— Pourquoi ?

— Mon cher, parce que vous allez mourir ! Nous attendons une cargaison en provenance des Astéroïdes pour cette nuit, voyez-vous. Puisque vous vous êtes trouvé là, en train de nous espionner, il va falloir, hélas !... (Il fait le geste de se trancher la gorge.) Hé oui... ! Les gars, dit-il aux hommes armés, emmenez-le sur le toit et envoyez-lui trois décharges dans la tête.

Deux des hommes vous poussent alors dans un escalier menant à une structure métallique aérienne aboutissant au toit de l'entrepôt. Tandis que vous avancez, vous réfléchissez rapidement à la façon dont vous pourriez vous tirer de ce mauvais pas. Trois possibilités se présentent à votre esprit. Vous pourriez peut-être attraper un chevron, en donner un coup à vos tueurs et les projeter en bas de la structure métallique (rendez-vous au **383**) ou encore sauter en espérant que la chute ne vous sera pas fatale (rendez-vous au **22**). Mais vous pouvez également attendre qu'une meilleure occasion se présente pour vous échapper (rendez-vous au **61**).

101

Vous entendez des pas qui se rapprochent dans le couloir en direction du bureau. Vite, vous sortez.

Vous faites un grand sourire à la dame qui arrive et vous marmonnez : « Il n'a pas l'air d'être là ! » Vous passez devant elle et vous sortez de l'immeuble. L'Astéroïde C-230 ne devrait pas être difficile à trouver. Si vous décidez d'y aller, rendez-vous au **73**. Si vous préférez chercher quelqu'un dans la Base Spatio-Orbitale, susceptible de témoigner de l'existence de vols clandestins en direction des Astéroïdes, rendez-vous au **384**.

102

Vous entrez en flottant prudemment dans la salle et vous prenez place derrière un rang de personnages vêtus de noir. Ils commencent à marmonner une espèce de mélopée, tout en se balançant lentement. Deux hommes devant agitent en larges cercles un encensoir fumant. Bientôt un troisième homme apparaît, très certainement le Supérieur, qui commence à réciter une longue prière adressée à l'une des puissances sacrées du Mal invoquée sous le nom de Thuvald. Vous n'êtes manifestement pas au bon endroit. C'est un monastère, un monastère de sorciers. Vous vous glissez hors de la salle et vous quittez C-230 pour retourner sur Kelter. Rendez-vous au **231**.

103

Il lève les bras en l'air.

— ... Je... je... je ne sais pas... bégaie-t-il.

Vous faites quelques pas menaçants dans sa direction en agitant votre Pistolet Laser.

— ... Pas grand-chose ... seulement qu'il y a des communications par satellite... sur l'Orbite L-16, je crois. Non, ne me tuez pas !

Vous l'effrayez un peu plus mais sans résultat. Il

n'en sait peut-être pas davantage. Vous décidez donc de partir dans l'espace à la recherche du satellite. Rendez-vous au **36**.

104

Vous recommencez la mise à feu. Les réacteurs fonctionnent maintenant sans discontinuer et épuisent votre réserve d'énergie. Malheureusement, ils vous propulsent dans la mauvaise direction, et il vous est tout à fait impossible de les inverser. Vous partez dans l'espace interstellaire en tournoyant. Vous allez mettre longtemps à mourir, suffisamment longtemps pour savoir que vous avez échoué dans votre mission.

105

Vous ne les avez pas percutés assez violemment. Ils reprennent le contrôle de leur véhicule et restent sur la route. Mais la collision vous a fait perdre du terrain. Rendez-vous au **46**.

106

Le couloir aboutit à une pièce. Elle contient un râtelier d'armes et quelques paquets de munitions. Un petit robot nettoyeur arrive en roulant dans votre direction. « Salut ! Belle journée, n'est-ce pas ? Un petit nettoyage ? » Vous le repoussez dans un coin et vous entrez. Vous fouillez rapidement et ne trouvez guère mieux qu'une grenade mono-manuelle. Vous la prenez. Elle peut toujours servir. Si vous l'utilisez contre un de vos ennemis (ou plusieurs), lancez trois dés et soustrayez le total obtenu du total d'ENDURANCE de *tous* les adversaires présents. Il n'y a rien d'autre dans cette pièce. Vous retournez à l'embranchement et vous suivez le couloir principal. Rendez-vous au **340**.

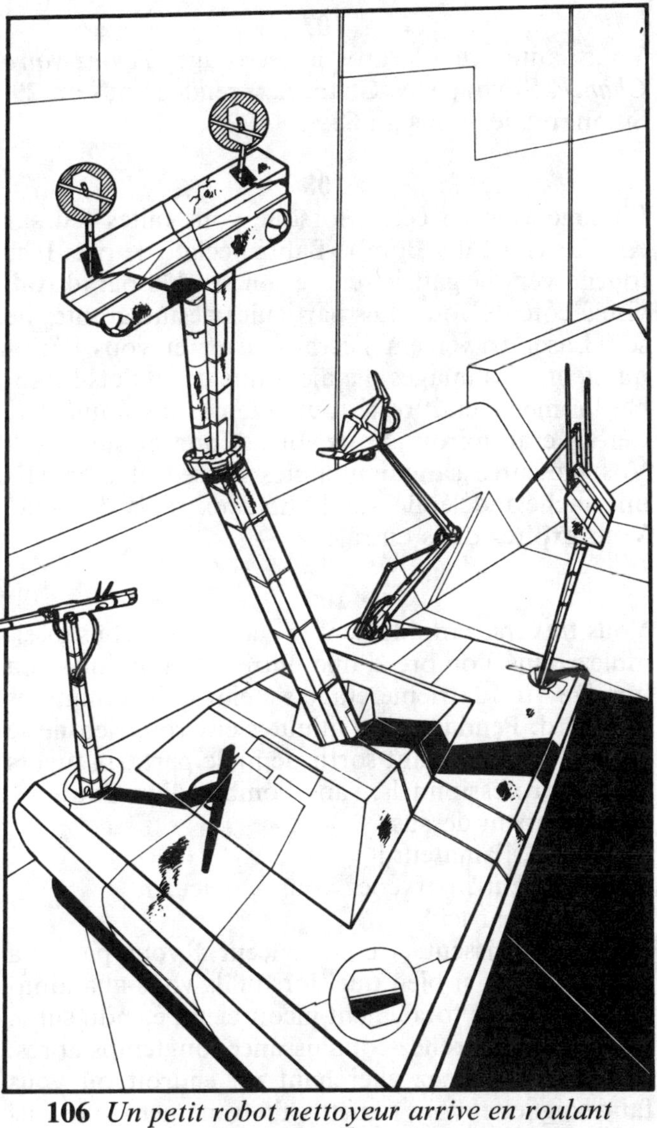

106 *Un petit robot nettoyeur arrive en roulant dans votre direction.*

107

Vous sautez vers le gros levier rouge. *Tentez votre Chance*. Si vous êtes Chanceux, rendez-vous au **29**. Sinon, rendez-vous au **68**.

108

L'image vole en éclats lorsque vous faites feu sur elle. Le vrai Billy Bombe Babbet éclate de rire. Il se tourne vers la gauche et, ce qui semble paradoxal, vise à côté de vous. Les particules désintégrantes de son Laser traversent l'écran-miroir et vous déchiquettent. Ces images n'étaient que des reflets ! Babbet lui-même était resté tout le temps dissimulé derrière l'écran-miroir. Vous vous effondrez sur le sol. Vos blessures sanguignolantes laisseront à jamais une tache indélébile sur le luxueux tapis de laine. Vous expirez dans un râle.

109

Vous traversez rapidement la rue et vous vous dissimulez dans l'ombre d'une entrée de boutique. La lumière au quatrième étage s'éteint quinze minutes plus tard. Pendant cinq minutes environ, rien ne se passe. Puis, semblant sortir de nulle part, six tueurs — des professionnels, sans l'ombre d'un doute — vous tombent dessus.

— Hé toi, l'amateur !

— Comment ? parvenez-vous à articuler.

— Arrive par ici !

Ils vous saisissent et commencent à vous passer à tabac, tant et si bien que, lorsqu'ils vous abandonnent, vous êtes totalement inconscient, étendu sur le pavé. Vous reprenez connaissance longtemps après. Vous vous traînez cherchant un endroit où vous faire soigner et vous remettre du traitement que vous avez subi. Vous perdez *définitivement* 2 points d'ENDURANCE (modifiez en conséquence votre Total de Départ). Le lendemain vous vous rendez sans perdre une seconde au Centre de Documentation Planétaire pour en savoir savoir plus sur Zera Gross. Rendez-vous au **80**.

110

— Hé, vous, là-bas ! Halte ! crie l'un des hommes. Malédiction ! vous êtes découvert ! Vous descendez quatre à quatre les marches et vous ouvrez la porte à la volée... pour vous retrouver nez à nez avec deux autres hommes, Pistolets Lasers au poing. Il va falloir les combattre.

	HABILETÉ	ENDURANCE
Premier TUEUR	6	8
Second TUEUR	5	8

Si vous êtes vainqueur, rendez-vous au **91**.

111

— Aujourd'hui même, poursuit-il, on attend la marchandise... Elle passera sans doute demain à la Douane.

Comme vous ne savez pas exactement d'où vient la marchandise, il est inutile d'aller sur les îles maintenant. Allez-vous attendre le lendemain pour vous rendre au poste de Douane (rendez-vous au **337**) ou préférez-vous vous mettre à la recherche d'un autre employé de l'Industrie Spatio-Orbitale, susceptible de vous renseigner sur ces vols pirates (rendez-vous au **384**) ?

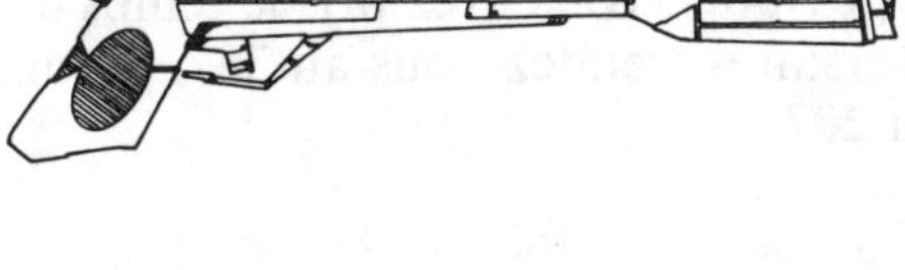

112

— Et vous croyez me faire peur ! dites-vous par défi.

— Pauvre imbécile ! répond-elle en haussant les épaules. Brak et Johnny ?

— Oui !

— Tuez ce pantin !

C'est la fin du voyage. La dernière chose que vous verrez dans cet autre monde sera Brak en train d'armer son Pistolet Laser avant d'en presser la gâchette sous le regard intéressé de Johnny. Vous mourez en héros.

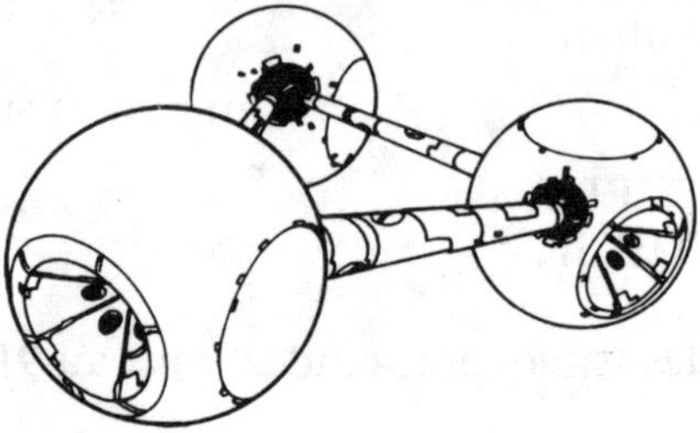

113

Vous agitez frénétiquement les bras. Le conducteur se range au bord de la route. « Hé, quoi ? dit-il, ébahi, lorsque vous le tirez de son véhicule. Attendez ! » Vous partez comme un bolide dans un super demi-tour et vous foncez à la poursuite de vos adversaires. Vous avez de la chance : le modèle que vous conduisez est un Prototype Sport, six roues motrices et double propulsion à air pulsé, 300 km/h au compteur. Vous positionnez votre radar-chasseur et vous repérez vite le véhicule que vous poursuivez. Vous accélérez à 200 km/h. Si, avant d'« emprunter » le Prototype Sport, vous avez pris le temps de tirer sur vos adversaires, rendez-vous au **387**. Sinon, rendez-vous au **202**.

113 *Vous positionnez le radar-chasseur de votre Prototype Sport pour repérer le véhicule de vos adversaires.*

114

Vous passez plusieurs jours à rechercher les fréquences, mais sans rien trouver d'autre. Vous abandonnez donc et vous retrounez sur Kelter pour chercher de nouvelles pistes dans la ville. Rendez-vous au **75**.

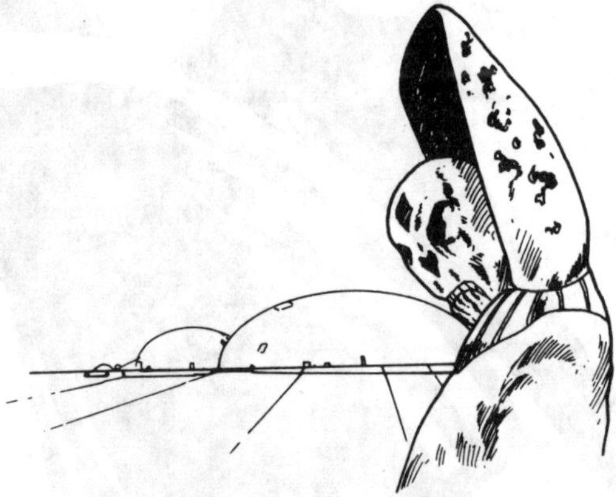

115

Les turbines donnent leur maximum de puissance. Sans effort, vous atteignez le bas de la descente à moins de trois mètres du véhicule adverse que vous suivez à toute allure, tout en faisant hurler votre avertisseur pour en effrayer ses occupants. Maintenant vous traversez un bois, et la route devient sinueuse, ce qui vous oblige à réduire votre vitesse. Malgré tout, il vous serait possible de percuter votre adversaire pour essayer de lui faire quitter la route. Mais le véhicule que vous poursuivez est plus lourd que votre monoplace et la manœuvre est risquée. Allez-vous néanmoins tenter l'aventure (rendez-vous au **222**) ou préférez-vous attendre qu'un terrain plus favorable se présente (rendez-vous au **76**) ?

116

Elle enregistre votre réponse et fait feu sur vous de tous ses Lasers, tout en vous annonçant « faux » de sa voix artificielle. Vous allez devoir l'affronter.

SENTINELLE CYBER-NETIQUE	HABILETÉ : 8	ENDURANCE : 4

Si vous êtes vainqueur, rendez-vous au **38**.

117

Vous glissez votre vaisseau dans le hangar principal et vous le garez à côté d'une navette interplanétaire. En ouvrant le sas pour descendre, vous trouvez devant vous une Sphère de Défense que de petits réacteurs peuvent propulser dans tous les sens. Elle vous mitraille de ses Lasers à pulsations infrarouges. Vous devez la détruire.

SPHERE DE DEFENSE	HABILETÉ : 9	ENDURANCE : 4

Si vous êtes vainqueur, rendez-vous au **156**.

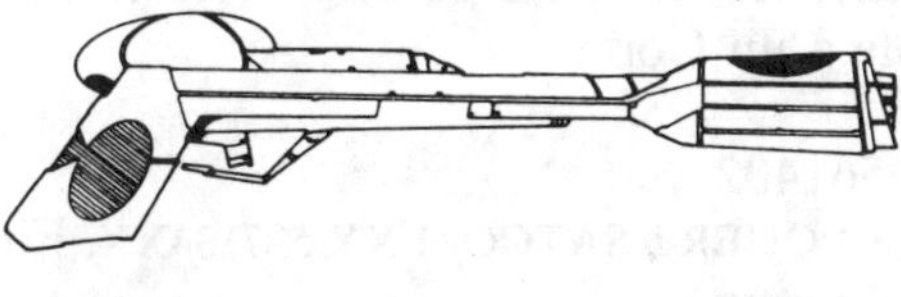

118

Vous recevez une forte décharge électrique. La porte ne s'ouvre pas. Vous perdez 1 point d'ENDURANCE. Retournez au **225**.

119

Vous vous trouvez dans un bureau. A moins de deux mètres de vous, un terminal d'ordinateur donne accès à tous les dossiers du Centre. Sans perdre une seconde, vous pianotez sur un clavier pour obtenir le maximum d'informations. Rendez-vous au **393**.

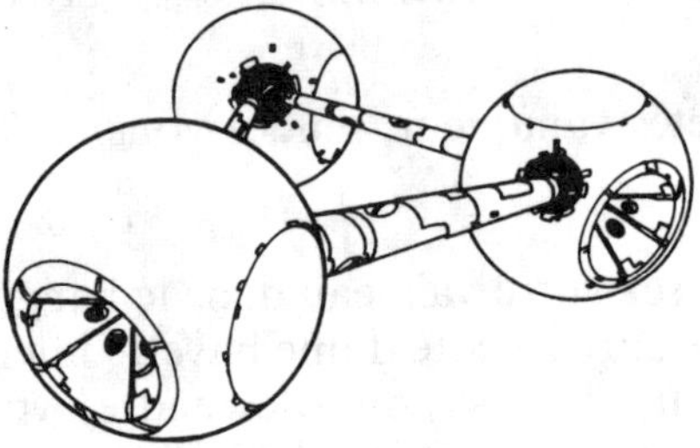

120

— Oui, bien sûr, vous pouvez y jeter un coup d'œil, dit-elle. Les autres papiers qu'il gardait sont dans ce tiroir.

Elle vous montre le bureau. Vous inventoriez rapidement le contenu du tiroir qui se révèle sans grand intérêt : un catalogue d'appareils ménagers, des rendez-vous à déjeuner, deux factures à régler pour différents articles anodins et une carte imprimée qui ressemble à un Code.

000561402
UAB : QUERT SATCOM XX 597134XX. Fin.
UAX : stop.

L'intérêt du message réside dans le mot écrit au dos : *« Zera, Kalensus dit qu'il lui faut plus de mégacool H pour les gars du Contrôle Douanier. Signé : Clive. »*

Pas de doute, l'administration douanière est bien mêlée à tout cela. Kalensus doit être l'Inspecteur en Chef. Allez-vous fixer un rendez-vous à Mme Torus pour qu'elle vous apporte les documents lorsqu'elle aura eu le temps d'aller les chercher dans le coffre à la banque (rendez-vous au **44**) ou bien irez-vous tout d'abord au Poste de Contrôle Douanier pour faire pression sur Kalensus (rendez-vous au **142**) ?

121

Vous découvrez la présence d'un système d'alarme qui doit se déclencher aussitôt la fenêtre ouverte. Vous le débranchez et vous enjambez l'appui de la fenêtre. Vous êtes maintenant dans un couloir qui débouche sur une petite pièce vide. Rendez-vous au **365**.

122

Le monstre se dresse maintenant au-dessus de vous. Vous vous rappelez la formule gravée sur la plaque et vous la criez :

Il est caché
Mais tout puissant.
Bientôt il sera de retour !
Aie confiance. Attends. Et sois tranquille.

Le monstre vacille alors et pousse un hullulement modulé et plaintif :

Egaré que tu es,
Au mauvais lieu,
en la mauvaise place,
Que n'es-tu pas
Où tu devrais : à la Douane
avec les Douaniers.

Rendez-vous au **161**.

123

C'est gagné ! Le garde examine l'intérieur de l'armoire dans laquelle vous vous cachiez, puis s'éloigne pour enfin disparaître. Rendez-vous au **357**.

124

Le véhicule adverse n'est plus qu'à une centaine de mètres devant vous lorsque, soudain, la route s'enfonce dans une forêt aux arbres bas et touffus. Le véhicule disparaît bientôt derrière un virage. Comme vous n'avez pas la moindre idée de ce que vous allez trouver derrière ce virage — ligne droite ou autres virages —, qu'allez-vous faire ? Vous pouvez, bien entendu, accélérer dans l'espoir de réduire l'écart qui vous sépare de vos adversaires (rendez-vous au **85**) ou, vous méfiant, vous pouvez maintenir la même allure (rendez-vous au **76**).

125

Les dossiers sont sans intérêt. La console d'ordinateur, en revanche, se révèle être une mine de renseignements une fois que vous en avez découvert le fonctionnement. Elle diffuse en effet sans interruption le même message : « *Avertissement à tous ! Les Fédéraux nous ont découverts. Détruisez tous les dossiers. Détruisez ensuite ce message. Réunion Paradis : 34 degrés 16 mn 42 s de longitude Ouest, 16 degrés 0 mn 1 s de latitude Nord, à 21 h 30. Soyez efficaces. Signés : Zera Gross et Bombe Babbet.* » Parfait ! Vous en savez maintenant assez pour quitter le bureau. Et il vous suffira de jeter un coup d'œil sur une carte pour savoir que ces coordonnées sont celles d'une petite île située à 4 000 km de la côte continentale. Rendez-vous au **330**.

126

Vous quittez la pièce par une porte qui s'ouvre derrière le bureau, sur ce qui doit être à l'évidence un centre de contrôle : d'immenses écrans couvrent les murs, sous lesquels sont disposés des terminaux d'ordinateur. Sur les écrans apparaissent les courbes de production de Stophil D exprimées en mégatonnes par mois, ainsi que les fréquences des vols, arrivées et départs, entre les îles et le Continent. Un graphique orbital donne également avec précision la localisation de l'Astéroïde de production : ainsi vous n'aviez découvert qu'une partie du circuit complet de l'organisation, il vous manquait l'Astéroïde. Rendez-vous au **87**.

127

Vous prenez dans votre main quelques comprimés de Satophil et vous vous avancez sur le pont. De brillantes traînées d'électrons dansent autour de vous. Lorsque vous êtes tout près du Tripode Cybernétique, vous lancez les comprimés de Satophil D dans sa gueule béante et vous reculez rapidement vers la porte. Le monstre cesse de tirer, mâchonne puis s'accroupit sur son arrière-train et bascule dans la fosse. Rendez-vous au **49**.

128

L'homme est occupé à démonter un moteur d'Héli-jet. Vous vous approchez pour lui parler.

126 *D'immenses écrans couvrent les murs, sous lesquels sont disposés des terminaux d'ordinateurs.*

— C'est calme, n'est-ce pas ? dites-vous.

Il hoche la tête et continue son travail.

— Sûr ! vous répond-il. Mais le reste de la semaine, ça n'arrête pas.

Vous continuez à converser ainsi pendant encore quelques minutes puis, sur le même ton, vous lui dites que vous avez entendu parler de nombreux vols spatio-orbitaux clandestins.

— Clandestins, mon œil ! Les agents de la Tour de Contrôle ne font pas de rapports, c'est tout. (Il extrait une grosse pièce de moteur.) Et ce n'est pas seulement ici que cela se passe. C'est exactement la même chose sur l'autre Héliport, à côté de la station spatiale.

— Vous en êtes sûr ?

— Oui. Il y a quelqu'un de haut placé qui couvre ce trafic. Sans doute le Commandant en Chef de la Base Spatio-Orbitale. Tout passe par lui.

Eh bien, voilà une piste large comme un boulevard ! Vous pouvez essayer de vérifier les informations données par cet homme en allant faire des recherches au Centre de Documentation Planétaire (rendez-vous au **80**) ou bien au Fichier Central de Renseignements Informatisés (rendez-vous au **246**). Mais vous pouvez aussi vous rendre à la Tour de Contrôle du trafic spatio-orbital sur l'Héliport (rendez-vous au **167**) ou sur la Base Spatiale (rendez-vous au **89**).

129

Vous êtes conduit au Quartier Général de la Police. Tous vos papiers sont confisqués. Vous avez beau affirmer que vous êtes un Agent Fédéral, personne ne vous écoute. Puis, vous êtes jeté en prison. Votre aventure s'achève ainsi, au fond d'une cellule.

130

La violence du coup est telle que l'homme s'effondre à terre. Vous vous jetez sur lui et vous lui enfoncez le canon de votre Pistolet Laser dans une oreille.

— Maintenant si vous ne me dites pas tout ce que vous savez, vous n'arriverez pas vivant à la prison.

— Ne tirez pas ! ne tirez pas ! C'est l'Inspecteur Principal des Douanes, Zac Kalensus, le chef. Il me paye... Et je crois qu'il y a aussi des disquettes concernant les vols en provenance et en direction des Astéroïdes dans ce que l'on m'ordonne de détruire... en plus de celles des îles. Rendez-vous au **111**.

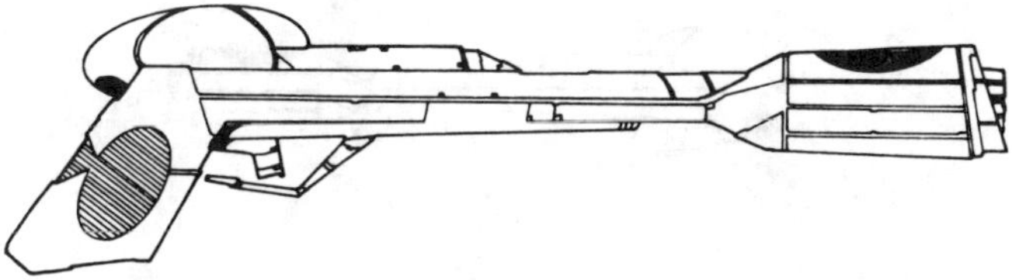

131

Vous sillonnez la ville. Vous entrez dans les bouges et les hôtels borgnes. Vous consultez même l'annuaire vidéophonique avec le maigre espoir de les reconnaître. *Tentez votre Chance*. Si vous êtes Chanceux, rendez-vous au **4**. Sinon, rendez-vous au **92**.

132

Au moment même où vous alliez quitter cette pièce, les portes se referment dans un claquement sec. Vous êtes fait comme un rat ! Vous vous retournez et vous voyez avec horreur qu'un serpent monstrueux à tête humaine est en train de prendre forme dans la flamme qui brûle au-dessus du piédestal. Une douzaine de paires de pattes articulées se mettent à pousser maintenant autour de sa tête qui devient bleue et se met à ricaner. Vous remarquez que sa bouche est pleine de crocs en acier. Une paire d'ailes, d'une matière semblable à du cuir, lui poussent dans le dos. Vous essayez frénétiquement — mais en vain — d'ouvrir les portes. La créature sort lentement de la flamme et ondule vers vous. Elle vous agrippe avec ses pattes. Allez-vous tirer sur elle (rendez-vous au **93**) ou tenter de lui parler (rendez-vous au **54**).

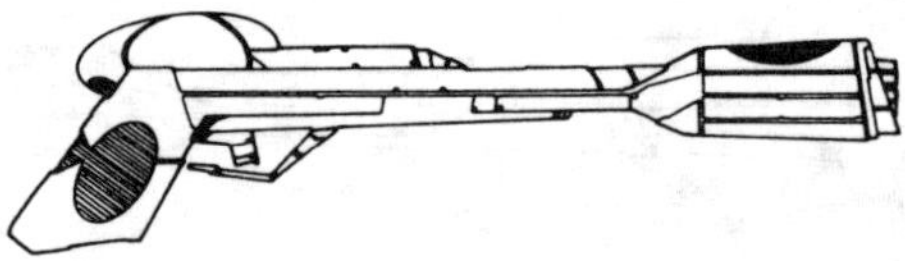

133

Votre veste en Triplex Synthétique s'est accorchée à un ressort de la porte d'une armoire. Vous tirez pour vous dégager, et elle se libère dans un claquement métallique causé par le ressort, ce qui fait se retourner le gardien qui sort son Pistolet Laser et le braque sur vous. Fâcheuse situation ! Vous pouvez vous rendre (rendez-vous au **55**) ou essayer de vous enfuir en courant (rendez-vous au **94**).

134

Vous ralentissez et vous gardez le contrôle de votre bolide, bien que dérapant dans les virages. Vous avez perdu de vue le véhicule de vos adversaires qui

132 *Vous voyez avec horreur un serpent monstrueux à tête humaine prendre forme dans la flamme.*

est maintenant caché par les arbres. Une route transversale apparaît sur la droite. Sont-ils partis dans cette direction ou ont-ils continué tout droit ? Si vous décidez de prendre la route transversale, rendez-vous au **95**. Mais si vous préférez continuer tout droit, rendez-vous au **56**.

135

Votre monoplace bondit et heurte l'arrière du véhicule. Le choc est si violent que le conducteur perd totalement le contrôle de sa direction. Il fait un tête-à-queue, sort de la route, puis part en tonneaux. Il rebondit violemment sur une bosse et s'arrête finalement une centaine de mètres plus loin. Vous vous rangez au bord de la route. Rendez-vous au **359**.

136

Vous avez mal choisi. Le Sphinx à sept pattes ouvre le feu sur vous. Rendez-vous au **97**.

137

Jetez deux dés. Si le chiffre obtenu est supérieur ou égal à votre total d'HABILETÉ, rendez-vous au **98**. S'il est inférieur, rendez-vous au **59**.

138

Vous plongez dans une petite allée transversale et, courant du plus vite que vous le pouvez, vous parvenez à distancer le tueur. Vous avez eu, cependant, le temps de bien voir son visage. Il vous sera donc facile de le reconnaître si vous le rencontrez de nouveau. Sans perdre de temps, vous vous rendez à la station spatiale de la ville-dôme. Le bureau des arrivées est vide et non surveillé. Vous vous asseyez devant l'écran de contrôle des passeports et vous faites défiler la liste des nouveaux arrivants. Il y est !

Son nom : B. Smith, débarqué depuis une semaine. Age : trente-quatre ans. Profession : bibliothécaire. Lieu de travail : Centre de Documentation Planétaire.

— Hum... hum... dit une voix derrière vous. Qu'est-ce que... ?

— Oh, excusez-moi ! répondez-vous. (Vous montrez rapidement votre insigne de la Brigade Fédérale à l'employé). Police..., euh... je veux dire ... inspection du matériel.

Et sans laisser le temps de réagir à l'employé qui vient de vous surprendre, vous quittez le bureau. Allez-vous poursuivre vos recherches sur Fin-de-Terre (rendez-vous au **99**) ou préférez-vous retourner sur Kelter pour glaner quelques informations au Centre de Documentation Planétaire (rendez-vous au **80**) ?

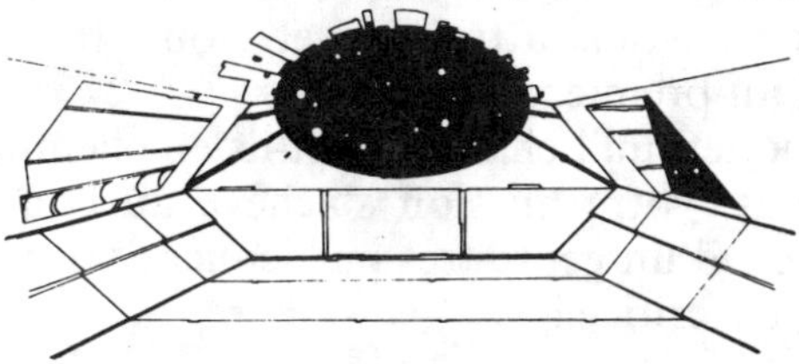

139

A peine avez-vous esquissé un geste qu'ils tirent sur vous. Le flot de rayons meurtriers vous frappe. Vous tombez à terre. Vous avez échoué dans votre mission.

140

Les dossiers sont nombreux. Vous en prenez quelques-uns au hasard. Un seul d'entre eux contient des renseignements intéressants : il y est question, en effet, d'un Astéroïde immatriculé C-230. Le dossier fait état d'un nombre important de vols clandestins entre lui et Kelter. Aucun détail n'est précisé, aucune justification n'est donnée sur ces vols. Lancez un dé. Si le chiffre obtenu est pair, rendez-vous au **101**. S'il est impair, rendez-vous au **62**.

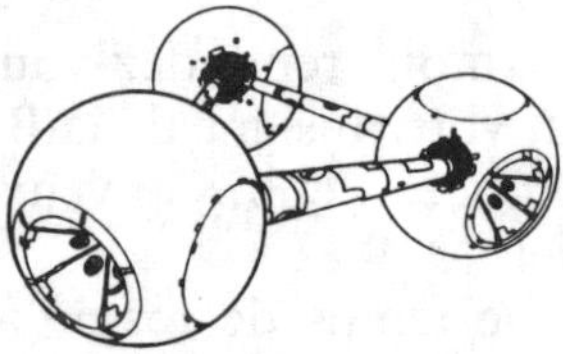

141

Vous entrez en flottant prudemment dans la salle et vous prenez place derrière un rang de personnages vêtus de noir. Des moines, à n'en pas douter.

— Hé, vous ! dit l'un des moines, qui êtes-vous ?

Les autres se retournent. Ils viennent rapidement vers vous, vous attrapent et vous transportent devant, au premier rang.

— Un jouet, un ! chantonnent-ils en chemin.

Peu après, votre mission s'achève au cours d'une cérémonie d'un genre très particulier : vous avez été offert en sacrifice !

142

Vous trouvez le bureau de l'Inspecteur Principal des Douanes, Zac Kalensus. Le nom est écrit à l'entrée sur une petite plaque. Vous tournez la poignée de la porte qui s'ouvre sans difficulté. Zac Kalensus est debout, près d'une fenêtre ouverte, un bloc-notes magnétique à la main, l'air très surpris. Vous braquez votre Pistolet Laser sur lui et vous dites d'une voix glaciale :

— O.K., Zac Kalensus, maintenant vous me dites tout sur ce trafic de stupéfiants dans lequel vous trempez, sinon vous aurez affaire à ce joujou-là. *Tentez votre Chance*. Si vous êtes Chanceux, rendez-vous au **64**. Sinon, rendez-vous au **103**.

143

Vous parvenez à immobiliser votre appareil à une courte distance du satellite. Encore une petite poussée des réacteurs, et vous allez l'atteindre. Jetez deux dés. Si le chiffre obtenu est supérieur ou égal à votre total d'HABILETÉ, rendez-vous au **104**. S'il est inférieur, rendez-vous à **221**.

144

Vous percutez violemment le véhicule qui est projeté sur le bas-côté. *Tentez votre Chance*. Si vous êtes Chanceux, rendez-vous au **66**. Sinon, rendez-vous au **105**.

145

L'Androforme-Chien meurt. Vous enjambez son cadavre et vous poursuivez votre chemin. Vous arrivez bientôt à une intersection. Le couloir principal continue tout droit tandis qu'un petit couloir, plus étroit, part vers la droite. Allez-vous continuer tout droit (rendez-vous au **340**) ou obliquer à droite (rendez-vous au **106**) ?

146

Suivant le tunnel, vous traversez un sas et vous pénétrez dans une petite pièce en forme de cône. A l'autre bout de la pièce se trouve un autre sas commandé par une cellule photoélectrique. La porte du sas s'ouvre lentement sur... le vide ! L'air reflue en sifflant par l'ouverture et vous êtes emporté à grande vitesse. La pièce est un vide-ordures ! Allez-vous essayer de vous agripper à la porte jusqu'à ce que l'air cesse de sortir (rendez-vous au **390**) ou bien allez-vous tenter d'atteindre le levier d'urgence qui se trouve à côté de la cellule photoélectrique (rendez-vous au **107**) ?

147

Vous sautez à travers l'écran-miroir. Babbet est derrière debout et il est tourné vers le mur opposé. Les silhouettes n'étaient que ses reflets ! Vous l'attrapez à bras-le-corps et vous le plaquez au sol. Vous roulez tous les deux sur l'épais tapis. Vous luttez et vous combattez au corps à corps.

BILLY
BOMBE
BABBET HABILETÉ : 10 ENDURANCE : 8

Si vous êtes vainqueur, rendez-vous au **400**.

148

La femme court vite malgré son âge et son poids, mais vous ne la perdez pas de vue pour autant. Au bout de deux ou trois minutes, elle croit vous avoir échappé, mais, pour plus de sécurité, elle fait le tour du pâté d'immeubles avant de s'engouffrer dans l'entrée d'une bâtisse de cinq étages. Quelques instants plus tard, une lumière s'allume au quatrième. Vous vous avancez sous le porche de l'immeuble et vous consultez la liste des occupants. Cinq noms seulement, un par étage. Le quatrième est occupé par Zera Gross, Import/Export. Vous pouvez surveiller l'appartement si vous le souhaitez pour voir s'il se produit quelque chose (rendez-vous au **109**) ou bien, si vous estimez que cela suffit pour aujourd'hui, vous pouvez passer la matinée du lendemain au Centre de Documentation Planétaire pour en savoir plus sur cette Zera Gross (rendez-vous au **80**).

146 *La pièce est un vide-ordures !*

149

La porte donne sur un escalier. Vous en grimpez les marches et vous arrivez sur un quai de marchandises surélevé, surplombé par des panneaux coulissants permettant l'accès à un Hélijet. Au-dessous se trouve un entrepôt. Une porte de l'entrepôt s'ouvre et deux hommes entrent. Allez-vous vous plaquer au sol dans l'espoir de passer inaperçu (rendez-vous au **52**) ou préférez-vous tenter de vous enfuir en revenant à l'escalier (rendez-vous au **110**) ?

150

Le quartier administratif est presque désert. Vous réussissez cependant à trouver deux pilotes au repos près du bâtiment des Services Centraux.

— Comment ? disent-ils l'air gêné quand vous leur demandez s'ils connaissent l'existence de vols spatio-orbitaux illégaux.

— Jamais entendu parler, dit l'un.

— Moi non plus, dit l'autre.

— Je suis pressé, il faut que je m'en aille, dit le premier en regardant le second.

— Moi aussi, répond le second.

Et ils filent par un couloir. Décevant. Allez-vous poursuivre votre enquête du côté des hangars de la station spatiale (rendez-vous au **306**) ou dans la ville (rendez-vous au **189**) ?

151

Vous vous retrouvez dans une pièce à l'ameublement luxueux, une bibliothèque ou une salle de travail. Des livres sur des étagères de bois couvrent les murs. Le mobilier est en véritable bois, massif et patiné par le temps. Derrière un imposant bureau se tient une non moins imposante femme. Elle est hideuse et vous sourit de sa bouche édentée.

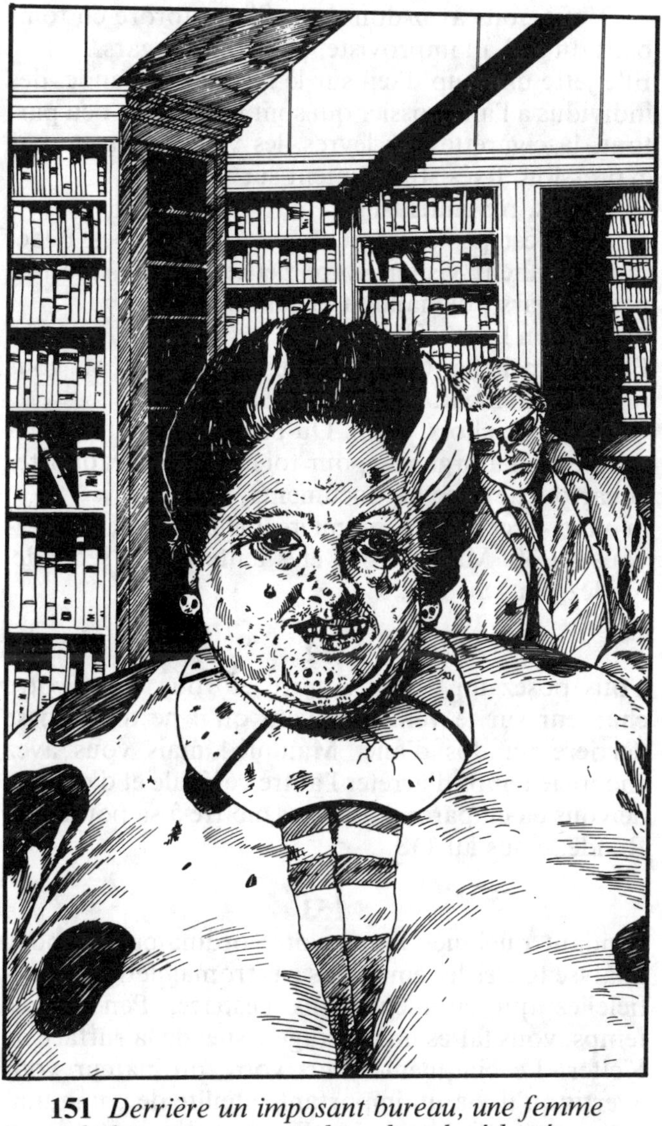

151 *Derrière un imposant bureau, une femme hideuse vous sourit de sa bouche édentée.*

— Vous nous avez donné du fil à retordre en tombant du ciel à l'improviste, pas vrai, les gars ?
Elle jette un coup d'œil sur le reste de la bande, des individus à l'air grossier qui sont vautrés un peu partout, la cigarette aux lèvres, les yeux mous et sans expression, fixés stupidement sur vous.
— Ouais, répondent-ils.
— Ce n'est pas souvent que des Détectives Fédéraux viennent visiter notre petite planète, n'est-ce pas, les gars ? demande-t-elle à nouveau.
— Nooon !...
Elle se penche brusquement vers vous et vous regarde fixement. Sa voix est glaciale :
— Tu as le choix, Stup. Ou bien tu vas au rendez-vous qu'on a organisé pour toi et tu nous rapportes la cartouche avec les documents, ou bien...
Si vous acceptez la première proposition, rendez-vous au **35**. Mais si vous êtes tenté par la seconde, rendez-vous au **112**.

152

Vous posez un genou à terre et vous videz votre chargeur sur le véhicule avant qu'il ne disparaisse derrière un dos d'âne. Manqué ! mais vous avez encore le temps d'arrêter l'autre véhicule et d'essayer de vous en emparer pour vous mettre à sa poursuite. Rendez-vous au **113**.

153

Pendant quelques jours, votre ordinateur de bord analyse toutes les émissions électromagnétiques artificielles qui circulent dans l'espace. Pendant ce temps, vous faites un repérage visuel de la surface de Kelter. Le cinquième jour, votre ordinateur vous avertit qu'il y a un important satellite de communication sur l'Orbite L-16. Il capte des messages et transmet peu après les réponses qui sont dirigées vers Kelter. Le satellite utilise une antenne unidirectionnelle mais, grâce à une dispersion d'ondes, votre ordinateur a pu le détecter. Ce qui semble suspect, c'est, tout d'abord, la taille de ce satellite ; ensuite, la destination des messages : Kelter ; enfin, la fréquence discontinue des émissions. Il est possible que ce soit un satellite de la Défa (Défense Extraplanétaire Antiatomique) mais... peut-être, serait-il judicieux de vous en assurer (rendez-vous au **377**) ? Si vous préférez l'ignorer et continuer vos observations, rendez-vous au **114**.

154

Le véhicule n'est qu'à cent mètres devant vous. Il accélère dans un long virage qui se dessine avant une grande ligne droite. Sur la gauche, vous apercevez une route transversale. Peut-être s'agit-il d'un raccourci ? Allez-vous prendre la route transversale (rendez-vous au **261**) ou préférez-vous rester sur la route principale (rendez-vous au **202**) ?

155

Rendez-vous au **116**.

156

Les restes lumineux de la Sphère flottent maintenant dans le vide. Vous quittez le hangar par un sas et vous pénétrez dans un tunnel — où la pesanteur est nulle — qui mène au centre de l'Astéroïde. Rendez-vous au **195**.

157

Vous recevez une violente décharge d'énergie, mais la porte ne s'ouvre pas. Vous perdez 1 point d'ENDURANCE et vous retournez au **225**.

158

Un bon coup d'épaule et la porte cède. Derrière, un homme baigne dans une mare de sang : l'homme que vous deviez rencontrer ! Il est blessé à mort. Ses yeux s'ouvrent. Du doigt, il vous fait signe de vous approcher.

— Prenez garde, chuchote-t-il quand vous êtes plus près. Prenez garde... à Zera Gross et... et à B. Bombe...

Il expire sans avoir eu le temps de vous en dire plus. Vous le fouillez et vous trouvez un portefeuille et une lettre. Son portefeuille vous révèle son identité : Arthur Flange, sans domicile fixe. Quant à la lettre, elle a dû lui être adressée par un ami. « Cher Arthur, Au sujet de nos plans : Z ne soupçonne rien encore. Il faut mettre au point les derniers détails. Retrouve-moi au *Star Heroïc Bar*, Jeudi à 9 h du matin. signé : Clive Torus. »

Allez-vous vous rendre à ce bar le lendemain matin à la place d'Arthur (rendez-vous au **315**) ou bien préférez-vous chercher des informations sur cette Zara Gross, dont il vous a parlé, au Centre de Documentation Planétaire ? Son nom est peut-être cité dans une affaire judiciaire quelconque. Rendez-vous, dans ce cas, au **80**.

159

Vous convenez d'un rendez-vous avec Mme Torus. Ce sera au *Planetarium Botanicum*, près des serres, lorsqu'elle aura eu le temps d'aller chercher les documents à la banque. Rendez-vous au **44**.

160

Vous vous approchez d'une petite fenêtre. Jetez deux dés. Si le résultat est supérieur ou égal à votre total d'HABILETÉ, rendez-vous au **82**. S'il est inférieur, rendez-vous au **121**.

161

— Et maintenant, hurle la créature qui devient aussi pâle qu'un linceul, disparaissez !
Les portes s'ouvrent et une force mystérieuse vous projette dans le couloir. Puis elles se referment dans un sinistre claquement. Allez-vous poursuivre vos recherches sur l'Astéroïde (rendez-vous au **346**) ou préférez-vous retourner sur Kelter pour aller soit enquêter parmi les Douaniers (rendez-vous au **337**), soit chercher une nouvelle piste (rendez-vous au **231**) ?

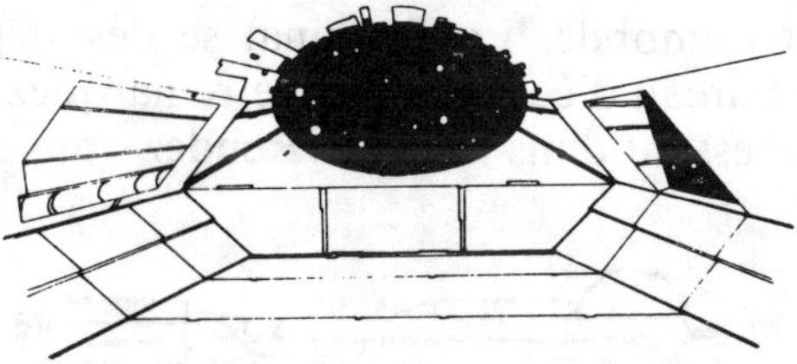

162

— Voilà, voilà ! dit-il après avoir empoché les crédits. C'est bientôt l'heure de mon mégacool préféré, salut !
Il s'éloigne sans se presser et disparaît. Allez-vous continuer à vous cacher (rendez-vous au **357**) ou pensez-vous que le garde va révéler votre présence ? Si vous pensez qu'il va parler, alors vous n'avez plus qu'à quitter la station spatiale pour chercher une nouvelle piste. Rendez-vous au **231**.

163

Vous freinez à temps : au sommet de la côte, il y a un virage en épingle à cheveux. Votre Prototype Sport à six roues motrices dérape légèrement en prenant le tournant à vive allure, puis vous accélérez dans une longue descente. Le véhicule est à cent mètres environ devant vous. Allez-vous accélérer encore plus (rendez-vous au **115**) ou garder la même allure (rendez-vous au **124**) ?

164

Le Terminal de l'ordinateur est hors service, quant aux dossiers, ils sont pleins de chiffres sans signification. Vous continuez pendant un moment vos recherches désordonnées au milieu de ce fouillis, puis vous abandonnez. Rendez-vous au **203**.

165

Zera est immobile. Le Terminal se désintègre criblant le bureau d'éclats. Vous ne remarquez rien de bien intéressant dans la pièce. Rendez-vous au **126**.

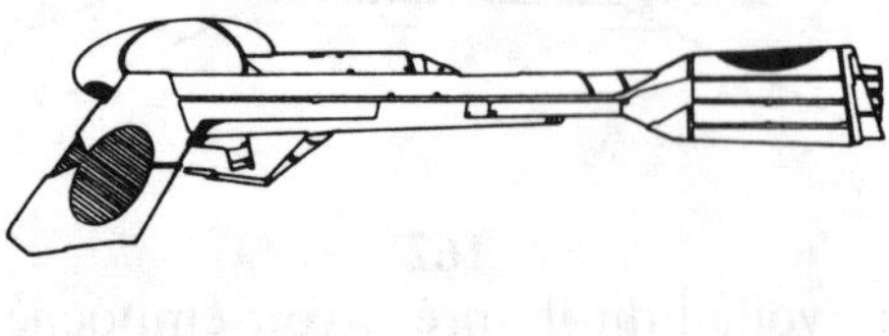

166

Vous pénétrez dans une pièce où règne une gravité normale. En fait, cette pièce est une fosse profonde qu'un pont étroit, et sans garde-fou, permet de traverser. Malheureusement, sur le pont se trouve un Tripode. Et il n'a pas l'air commode ! Dans chacune de ses trois pattes, il tient une masse électrique. Il vous fixe de ses trois yeux. Heureusement, il n'a

166 *Un Tripode tient une masse électrique dans chacune de ses trois pattes.*

qu'une gueule ! Mais quelle gueule : ÉNORME ! « Halte ! » dit-il. Et sans même vérifier si vous obéissez, il vous expédie plusieurs éclairs saturés d'électrons. Si vous avez sur vous du Satophil D, rendez-vous au **127**. Sinon, rendez-vous au **88**.

167

Les bâtiments de l'Héliport sont pratiquement déserts. Seules quelques personnes du service y circulent. Vous trouvez néanmoins sans difficulté le chemin de la direction. Deux Contrôleurs Spatio-Orbitaux sont là en train de boire une espèce de liquide noirâtre qui coule d'une machine disposée dans un coin.

— Pouah !... totalement infect !

Voilà les premières paroles qu'ils vous adressent. Vous vous présentez comme un Négociant Interplanétaire et vous essayez d'engager la conversation sur l'absence de trafic sur l'Héliport.

— Encore heureux ! dit l'un. Vous verriez pendant le reste de la semaine !

— Y a-t-il beaucoup de travail ?

— Plutôt.

Vous amenez la conversation sur les Helijets non identifiés et les vols clandestins. Ils se regardent l'un l'autre, puis s'éloignent vers la partie du bâtiment réservée au personnel.

— Il faut que je m'en aille, dit l'un.

— Salut, dit l'autre.

Ils vous laissent seul. Est-ce votre question qui leur a fait peur ? Toujours est-il que vous n'en apprendrez certainement pas plus par ici. Aussi quittez-vous l'endroit sans tarder. Vous pouvez maintenant poursuivre vos recherches au Centre de Documentation Planétaire (rendez-vous au **80**) ou au Fichier des Renseignements Informatisés où il existe, peut-être, des disquettes concernant l'Activité Spatio-Orbitale (rendez-vous au **246**). Si vous ne l'avez pas déjà fait, vous pouvez aussi aller voir l'homme qui travaille au service de location d'Hélijets (rendez-vous alors au **128**).

168

Il vous toise avec mépris et retire son pince-nez.
— Non, ce n'est pas suffisant, dit-il.
Il a dû déclencher un signal d'alarme en appuyant sur un bouton avec son pied car, une seconde plus tard, des Gardes de la Sécurité entrent dans la pièce et vous saisissent. Rendez-vous au **129**.

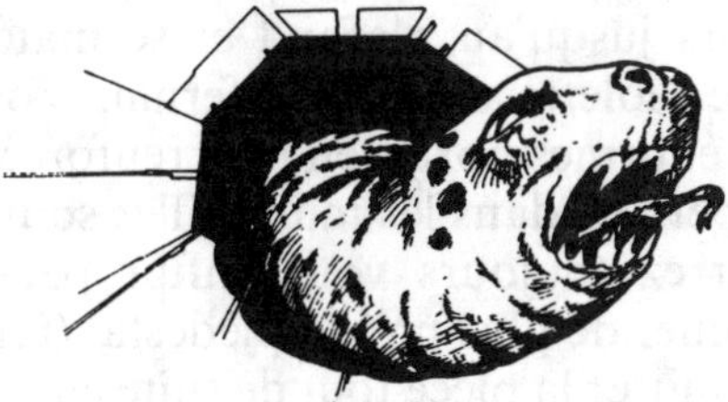

169

Il a l'air pour le moins effrayé !
— C'est l'Inspecteur Principal des Douanes... bégaye-t-il. Il me donne des ordres pour le faire... Ne m'envoyez pas en prison, s'il vous plaît, je vous en prie...
— Il vous donne des ordres ? Lesquels ? Vous avez intérêt à me répondre...
— Il me fait détruire les disquettes concernant certains vols.
— Quels vols ? demandez-vous brutalement.
— Ceux... en provenance des îles...
— De quelle île en particulier ? hurlez-vous, exaspéré, en lui tapant la tête contre le mur.

— Je... ne sais pas ! crie-t-il. Nous les interceptons... avant qu'ils n'arrivent sur la côte...
Il s'effondre sur le sol en sanglotant.
Allez-vous le rosser méthodiquement pour lui faire vider son sac (rendez-vous au **130**) ou arrêter là ces brutalités (rendez-vous au **72**) ?

170

Ils vous font pénétrer dans le manoir. Rendez-vous au **151**.

171

Vous descendez en flottant doucement jusqu'au sol et vous vous approchez du piédestal. La flamme bondit alors jusqu'au plafond et se matérialise en une ombre violette d'aspect infernal. Vous remarquez deux énormes portes en bois renforcées de barres de fer percées dans les murs. Elles sont ouvertes. Vous pourrez toujours vous enfuir par-là. Allez-vous examiner de plus près le piédestal (rendez-vous au **83**) ou quitter la pièce tout de suite en passant par une des portes (rendez-vous au **132**) ?

172

Vous ouvrez tout doucement la porte de l'armoire hors de laquelle vous vous glissez et vous allez vous dissimuler sans faire de bruit dans un espace ménagé derrière la dernière rangée d'armoires. Jetez deux dés. Si le chiffre obtenu est supérieur ou égal à votre total d'HABILETÉ, rendez-vous au **133**. S'il est inférieur, rendez-vous au **123**.

173

Vous pénétrez dans la forêt à 240 km/h. La route passe entre d'épais bosquets d'arbres en zigzaguant sans arrêt. Vous luttez pour garder le contrôle de votre véhicule. *Tentez votre Chance*. Si vous êtes Chanceux, rendez-vous au **134**. Sinon, rendez-vous au **270**.

174

Vous les heurtez juste au niveau de la porte arrière, ce qui bloque opportunément une des roues. Déporté, l'énorme véhicule noir fait une embardée. Il défonce la rembarde de sécurité et dégringole le talus en faisant plusieurs tonneaux. Arrivé en bas, il rebondit une dernière fois avant de s'immobiliser. Vous vous rangez au bord de la route. Rendez-vous au **359**.

175

— S comme Scorpion, répondez-vous.
Le Sphinx à sept pattes ne prend même pas la peine de vous dire que vous vous êtes trompé. Il ouvre le feu sur vous. Rendez-vous au **97**.

176

Vous parvenez à vous libérer, mais le monstre vous poursuit dans le couloir en essayant de vous agripper avec ses dents et ses tentacules. Puis, il s'arrête bientôt et regagne la salle. Vous décidez donc de sauter de sphère en sphère. Rendez-vous au **137**.

177

Votre ennemi terrassé, vous essayez de découvrir pour quels mobiles il vous a attaqué. Vous le fouillez mais vous ne trouvez pas grand-chose : une arme, une petite pièce détachée de moteur et un billet, établi par la Compagnie Spatio-Orbitale de Transports de Kelter, entre Fin-de-Terre et Kelter. Vous examinez de plus près la pièce détachée : il s'agit d'un boulon de pression pour moteur d'Hélijet. Cet homme était, peut-être, tout simplement mécanicien quand il ne s'amusait pas à tirer sur les gens. Vous examinez ses mains : les ongles en sont courts et noircis de cambouis... mais cela peut aussi bien provenir du nettoyage de son arme... Le billet pour Kelter est établi au nom de B. Smith, mécanicien. Vous n'avez pas de raison de rester plus longtemps sur la petite lune, aussi décidez-vous de retourner sur Kelter où vous pourrez soit vous rendre à l'un des Héliports de la périphérie (rendez-vous au **206**), soit faire des recherches au Centre de Documentation Planétaire (rendez-vous au **80**).

178

La grande porte coulissante n'est pas verrouillée et elle s'ouvre facilement. Derrière, tout est plongé dans l'obscurité. Vous distinguez vaguement la forme de caisses entassées les unes sur les autres et, devant vous, celle d'un véhicule. Vous entrez sans faire de bruit. Soudain, six ou sept hommes surgissent de derrière les caisses, Pistolets Lasers au poing, braqués sur vous. L'un d'eux crie : « Halte ! » Allez-vous obéir à cette injonction (rendez-vous au **100**) ou prendre le risque de plonger derrière une caisse (rendez-vous au **139**) ?

179

Les tiroirs ne sont pas fermés à clef et sont pleins d'un invraisemblable bric-à-brac. En y regardant de plus près, vous découvrez cependant, caché sous un amas de trombones et d'agrafes rouillés, un véritable trésor : une lettre de l'Inspecteur Principal des Douanes au Commandant en Chef de la Base Spatio-Orbitale : *« Cher Aesto, voilà les crédits promis. Retenez bien que le vol d'aujourd'hui en provenance de*

178 *Six ou sept hommes surgissent braquant leurs Pistolets Lasers sur vous.*

la côte Est, numéro 212, est un "clandestin". Il faudra "l'oublier" comme les précédents. Son contenu sera acheminé demain. En conséquence, la navette qui partira pour Tau-Ceti, numéro 005, demain, devra être "oubliée" également. Signé : Zac Kalensus. » Joint à cette lettre se trouve un chèque de 3 000 crédits ! Allez-vous vous rendre au Poste de Contrôle Douanier (rendez-vous au **337**) ou préférez-vous chercher quelqu'un dans la Base Spatio-Orbitale qui pourrait vous renseigner sur les vols clandestins, en direction de Tau-Ceti, par exemple, dont la lettre fait état (rendez-vous au **384**) ?

180

Tentez votre Chance. Si vous êtes Chanceux, rendez-vous au **102**. Sinon, rendez-vous au **141**.

181

Il fait disparaître les 2 000 crédits supplémentaires dans une poche de son Triplex Synthétique et vous fait signe de vous approcher plus près.

— Au dernier étage de la Tour Isocèle, en ville, chuchote-t-il. C'est leur quartier général.

Puis il marmonne qu'il risque d'être dénoncé s'il n'est pas à son poste de travail et il retourne en hâte vers le hangar à marchandises. Vous pouvez exploiter cette information en allant à la Tour Isocèle (rendez-vous au **320**) ou utiliser la première et chercher le satellite (rendez-vous au **36**).

182

Vous êtes tout près du but mais vous tournoyez encore légèrement. Si bien que l'espèce de vapeur blanche qui sort des réacteurs de votre vaisseau vous propulse sur une mauvaise trajectoire. Si vous ne manœuvrez pas avec habilité, cette trajectoire ne vous permettra pas d'atteindre le satellite. Jetez deux dés. Si le chiffre obtenu est supérieur à votre total d'HABILETÉ, rendez-vous au **104**. S'il est inférieur, rendez-vous au **143**.

183

Votre pare-chocs a heurté de biais le véhicule. La collision vous projette sur les bas-côtés. Vous sortez de la route et percutez un arbre à 140 km/h. Vous êtes tué, disloqué par la violence du choc.

184

C'est un monstre cybernétique qui a l'aspect d'un chien féroce. Il va falloir combattre avec lui au corps à corps.

CHIEN CYBER-NÉTIQUE	HABILETÉ : 9	ENDURANCE : 8

Si vous êtes vainqueur, rendez-vous au **145**.

185

Vous quittez la pièce par un tunnel — où la gravité est nulle — qui aboutit à un carrefour. Allez-vous prendre :

Le tunnel qui vous fait face ?	Rendez-vous au **293**
Le tunnel de gauche ?	Rendez-vous au **332**
Le tunnel de droite ?	Rendez-vous au **146**

186

Sur le bouton de quelle porte allez-vous appuyer ?

Celui qui vous fait face ?	Rendez-vous au **79**
Celui qui est dans votre dos ?	Rendez-vous au **40**
Celui de gauche ?	Rendez-vous au **381**
Celui de droite ?	Rendez-vous au **342**
Celui d'en haut ?	Rendez-vous au **303**
Celui d'en bas ?	Rendez-vous au **264**

187

Vous la prenez en chasse. Bien qu'elle soit grosse et vieille, la femme est étonnamment alerte. Vous la perdez de vue dans une rue transversale. Mais la chance est quand même de votre côté : dans sa précipitation, elle a perdu son sac. Il contient 500 crédits et quelques cartes de visite imprimées au nom d'une société :

Zera Gross
Import/Export
Planétaire et Interplanétaire

Mais bizarrement, ni adresse ni numéro vidéophonique ne sont mentionnés. De toute façon, c'est un renseignement bon à prendre. Vous retournez dormir dans votre vaisseau spatial et vous décidez, le jour suivant, d'aller rendre visite au Centre de Documentation Planétaire pour essayer d'obtenir quelques informations concernant cette Zera Gross. Rendez-vous au **80**.

188

Vous faites le tour de l'entrepôt et, sur l'arrière, vous découvrez une petite porte à moitié camouflée derrière un tas de gravats. Vous forcez la serrure sans trop de difficultés. Devant vous, un couloir conduit rapidement à deux portes, strictement identiques. Vous vous approchez. Laquelle choisissez-vous : celle de droite (rendez-vous au **3**) ou celle de gauche (rendez-vous au **149**).

189

Vous trouvez plusieurs agences de voyages intestellaires et interplanétaires dans la ville, mais vos questions ne vous apportent aucune réponse intéressante. Quelque peu découragé, vous entrez dans une cafétéria et vous commandez un sandwich. Mais à peine avez-vous commencé à manger que vous êtes pris à partie par deux individus qui sortent leurs Pistolets Lasers et vous mettent en joue

— Suivez-nous ! disent-ils. Ou vous êtes mort !

Inutile de résister. Aussi, sortez-vous avec eux par la porte de derrière. Rendez-vous au **316**.

190

Le conduit se prolonge à l'intérieur de l'Astéroïde. Soudain votre progression est arrêtée par un énorme Robot d'Entretien Insecticide. Ses trois yeux roulent tandis qu'il vous regarde approcher. Soudain, il déclenche contre vous une pulvérisation d'insecticide pour voir si vous entrez dans la catégorie des Insectes Volants. Vous n'avez aucun moyen de passer même en le détruisant car il obstrue complètement le conduit. De plus, il commence à avancer dans votre direction d'une façon pour le moins menaçante. En toussant, et les yeux larmoyants, vous retournez à la grille qui surplombe la pièce au piédestal. Vous la poussez, elle s'ouvre. Vous entrez. Rendez-vous au **171**.

191

Vous vos précipitez sur la route pour voir vos adversaires s'éloigner à toute allure en croisant un véhicule dans votre direction. Allez-vous faire feu sur eux (rendez-vous au **152**) ou préférez-vous tenter d'arrêter l'autre véhicule afin de les prendre en chasse (rendez-vous au **113**) ?

192

Vous vous propulsez sur une orbite très éloignée de Kelter. *Tentez votre Chance*. Si vous êtes Chanceux, rendez-vous au **153**. Sinon, rendez-vous au **114**.

193

Vous dérapez sur les bas-côtés, mais malheureusement les trois roues motrices qui mordent encore la chaussée vous permettent de reprendre le contrôle de votre direction. A la sortie du virage, votre véhicule, lancé comme un bolide, n'est plus qu'à trois mètres de celui de vos adversaires. Rendez-vous au **378**.

194

Rendez-vous au **116**.

195

Le Tunnel débouche dans une salle cylindrique. Devant vous flotte un étrange dispositif nucléaire composé de quatre cubes assemblés en X. Le centre en est vide. Cet étrange dispositif vous empêche de passer, car des éclairs brillants, chargés d'électrons bleus, circulent d'un cube à l'autre en traversant le vide central. La construction se déplace dans votre direction en émettant un bourdonnement grave. Les décharges se font de plus en plus fréquentes. Elles desinent de grands arcs électriques bleutés qui grandissent dans votre direction. Allez-vous tirer sur cet engin inquétant (rendez-vous au **78**), essayez de vous glisser dessous (rendez-vous au **39**) ou bondir sur lui pour lui donner un violent coup de pied en espérant que cela va pertuber son contrôle directionnel (rendez-vous au **380**) ?

195 *Un étrange dispositif nucléaire composé de quatre cubes assemblés en X flotte devant vous.*

196

Vous recevez une décharge électromagnétique. La porte ne s'ouvre pas. Vous perdez 1 point d'ENDURANCE. Retournez au **225**.

197

Vous descendez l'escalier quatre à quatre et vous faites irruption dans la rue, mais l'homme a disparu. Soudain, un cri fuse au-dessus de votre tête : « A l'assassin ! » En quelques secondes, des Hélijets du Service de Sécurité sont là : ils descendent du ciel et se posent dans la rue et sur le toit de l'hôtel, alors qu'un autre appareil survole les immeubles avoisinants, un puissant projecteur braqué sur une fenêtre de la chambre 1201. Il y a des agents de la Sécurité partout maintenant. Mais comme vous ignorez s'ils sont corrompus ou non, vous décidez de ne pas vous manifester. Le lendemain, vous vous rendez au Centre de Documentation Planétaire dans l'espoir de découvrir quelques renseignements sur l'homme que vous avez vu fuir dans l'escalier. Au moins, vous savez à quoi il ressemble. Rendez-vous au **80**.

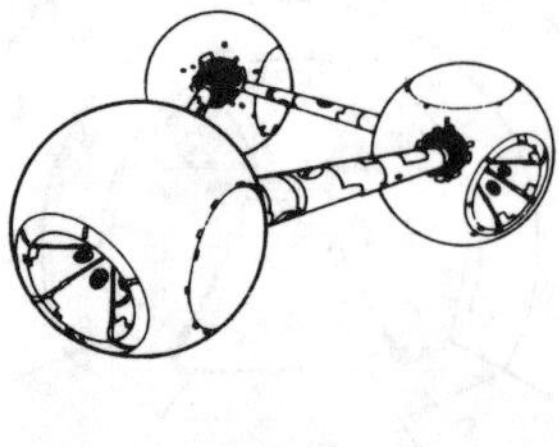

198

— Bonjour, Mme Torus, je suis Détective à la Brigade Fédérale des Stupéfiants, puis-je parler à votre mari ? demandez-vous sur le ton le plus officiel.

Elle jette des coups d'œil furtifs dans la rue puis vous fait entrer.
— Clive... Clive est mort ! dit-elle en éclatant en sanglots. Ils l'ont tué !
— Qui, Mme Torus, qui *ils* ?
— Ses complices, les vauriens avec qui il travaillait. Il ne voulait plus rien avoir à faire avec eux... alors ils l'ont tué !
Vous apprenez que Clive, le mari de Mme Torus, tenait la plupart des comptes de Zera Gross, sa patronne manifestement. Ces comptes ont été déposés par Clive dans une cartouche en titane ionisé qui a été placée dans le coffre d'une banque de la ville, où ils sont encore.
— Je... je peux aller vous les chercher, si vous voulez, dit-elle.
— Oui, ils me rendraient grand service, je vous remercie.
Clive a peut-être conservé d'autres documents compromettants chez lui. Vous pourriez peut-être demander à sa veuve la permission de consulter les papiers personnels du mort. Bien qu'elle paraisse très déprimée, allez-vous oser lui faire cette demande (rendez-vous au **120**) ? Sinon, rendez-vous au **159**.

199

Vous vous faufilez à travers les arbres. Les cris de vos poursuivants se rapprochent puis s'éloignent, sans aucun doute en direction du mur d'enceinte. Devant vous se trouve le manoir. Il comporte deux étages, dans le style hybride des néo-colons astrogalactiques, c'est-à-dire sans goût. Il commence à faire assez sombre. Vous pouvez grimper sur le toit et chercher une ouverture pour entrer (rendez-vous au **43**) ou tout simplement forcer une porte ou une fenêtre du rez-de-chaussée (rendez-vous au **160**).

200

La créature devient blanche comme un linge.

— Et maintenant, disparais ! crie-t-elle.

Les portes s'ouvrent et une force mystérieuse vous projette dans le couloir. Derrière vous, les portes claquent en se refermant. Vous pouvez maintenant poursuivre vos recherches dans l'Astéroïde (rendez-vous au **346**) ou, si vous pensez que vous vous êtes fourvoyé dans une fausse piste, vous pouvez retourner sur Kelter (rendez-vous au **231**).

201

Rendez-vous au **162**.

202

Le véhicule fonce dans la ligne droite avant de disparaître derrière un dos d'âne. Impossible de savoir à quoi peut ressembler la route après cette côte. Si vous pensez qu'elle continue tout droit, vous pouvez aborder le dos d'âne à toute allure, rendez-vous au **309**. Mais si vous craignez de découvrir un virage, mieux vaudrait ralentir, rendez-vous dans ce cas au **163**.

203

Il y a une porte à l'autre bout du bureau. Vous la franchissez et vous vous retrouvez dans un petit couloir qui mène à une nouvelle porte. Rendez-vous au **86**.

204

D'un violent coup de pied, elle vous projette une fois de plus au sol. Et la dernière chose que vous entendrez avant de sombrer à jamais dans l'inconscience sera son rire sardonique. Vous avez échoué dans votre mission.

205

Le couloir mène à un petit entrepôt. C'est là manifestement que le Satophil D est conditionné avant d'être expédié sur Kelter. Il y en a de grandes quantités, en comprimés et en poudre. Vous pouvez, si vous voulez, en prélever un échantillon qui servira de pièce à conviction. Dans ce cas, vous l'ajoutez sur votre *Feuille d'Aventure*. Vous quittez l'entrepôt et vous retournez au laboratoire. Rendez-vous au **166**.

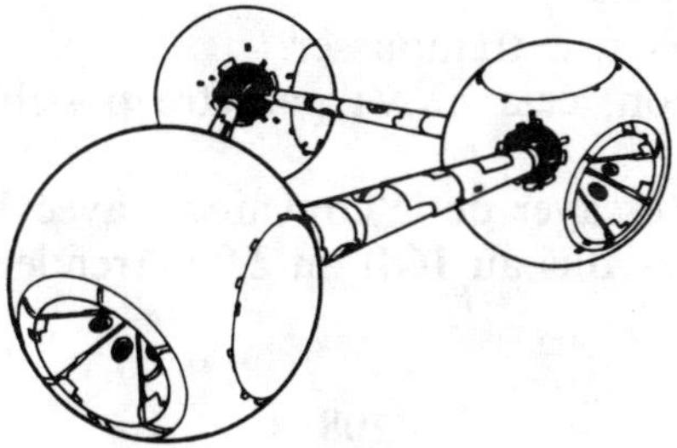

206

Vous prenez un Turbolift pour un Héliport qui est situé dans la banlieue de la Capitale. C'est une morne étendue plate et déserte, d'une vague couleur grise, sur laquelle un soleil blanc darde ses rayons impitoyables. Quelques bâtiments bas sont groupés à un endroit que vous supposez être l'aire d'arrivée. Rien ne bouge. Deux Hélijets de location sont garés à proximité d'un hangar, et quelques véhicules de service stationnent près des bâtiments. Un homme sort du hangar et s'approche de l'un des Hélijets. Il semble en vérifier l'allumage et en régler les turbines. Vous pouvez lui poser quelques questions si vous le désirez (rendez-vous au **128**), mais vous pouvez aussi vous rendre à l'aire d'arrivée (rendez-vous au **167**).

207

Vous vous approchez du réceptionniste. Un drôle de personnage celui-là, le nez chaussé d'un pince-nez pour le moins ridicule.

— Puis-je jeter un coup d'œil sur quelques dossiers ?

— Oui, bien sûr, dit-il en se frottant les mains, l'air tout émoustillé. Hummm, voyons voir, quel siècle vous intéresse ?

— Le nôtre. D'ailleurs, je n'ai besoin de consulter que les dossiers des dernières années, dites-vous d'un ton badin.

Il commence à se trémousser.

— Non, non, cela ne va pas être possible... je le crains...

Allez-vous essayer de le convaincre avec 1 000 crédits (rendez-vous au **168**) ou 2 000 (rendez-vous au **373**) ?

208

Sortant votre Pistolet Laser, vous en pointez le canon contre sa tempe et vous le poussez devant vous. Il bute contre le mur et s'effondre sur le sol.

— Je suis Détective à Brigade Fédérale des Stupéfiants, dites-vous d'une voix sourde. J'ai entendu dire, monsieur le Commandant de la Base Spatio-Orbitale, que vous avez des choses à cacher !... Je suis très curieux de nature. Alors, dites-moi tout ce que vous savez. Et vite !

Tentez votre Chance. Si vous êtes Chanceux, rendez-vous au **169**. Sinon, rendez-vous au **33**.

209

L'un des hommes, bien que déséquilibré, vous lance néanmoins un violent coup de pied dans les tibias qui vous expédie au sol, tordu par la douleur.

— A ta place, je n'essayerais pas de recommencer,

vous dit l'un des tueurs au visage couturé de cicatrices, en vous donnant de douloureux coups dans les côtes.
Puis deux des hommes vous saisissent sous les bras. Rendez-vous au **170**.

210

Vous vous apercevez que la pauvre femme est morte. Le véhicule noir, quant à lui, a disparu. Il semble que vous allez devoir chercher une nouvelle piste. Rendez-vous au **231**.

211

Le hangar à marchandises est gigantesque. Vous apercevez cependant, non loin de vous, une rangée d'armoires et vous décidez de vous dissimuler dans l'une d'entre elles où il vous sera facile d'observer les allées et venues. Vous partagez votre cachette avec une combinaison en Triplex Synthétique et la photo d'une fort jolie fille. Au bout d'un court instant, vous entendez un bruit de pas et, par la porte légèrement entrouverte de l'armoire, vous apercevez bientôt un homme revêtu d'un uniforme kaki qui arrive dans votre direction. Un garde, cela ne fait pas l'ombre d'un doute. Et votre cœur cesse de battre lorsque vous le voyez ouvrir la première armoire, puis la deuxième, et se rapprocher lentement de la vôtre. Allez-vous tenter de sortir discrètement de cette armoire (rendez-vous au **172**) ou préférez-vous rester où vous êtes et essayer d'imaginer rapidement un plan pour vous tirer de cette fâcheuse situation (rendez-vous au **84**) ?

212

Trois cents mètres plus loin, la route s'enfonce dans un bois où le véhicule noir disparaît. Impossible de prévoir la configuration de la route de là d'où vous êtes. Allez-vous accélérer pour rattraper votre adversaire (rendez-vous au **173**) ou préférez-vous conserver la même allure (rendez-vous au **46**) ?

213

Malheureusement, le véhicule noir est bien plus gros et bien plus lourd que votre Prototype Sport. Votre tentative maladroite se solde par un échec. Pis, c'est l'énorme engin qui maintenant vous heurte et vous catapulte violemment hors de la route. Vous dévalez le talus en faisant tonneaux sur tonneaux et, bientôt, votre véhicule n'est plus qu'un tas de ferraille déchiquetée. Vous avez échoué dans votre mission.

214

— A ! criez-vous. A comme Antares, le soleil rouge de la Constellation du Scorpion.
Les sept pattes du robot se replient lentement. Et, avant de s'immobiliser à nouveau, la machine vous dit de sa voix métallique :
— C'est exact. Vous pouvez passer.
Rendez-vous au **58**.

215

Vous ne parvenez pas à vous dégager. Lentement, le monstre vous attire dans sa gueule béante, mettant ainsi un terme à votre mission.

216

Vous vous mettez à l'abri de votre scooter et vous sortez votre Pistolet Laser. Face à vous, votre adversaire est couché sur le sol et fait feu sur vous avec son désintégrateur.

TUEUR	HABILETÉ : 8	ENDURANCE : 6

Si vous êtes vainqueur, rendez-vous au **177**.

216 *Votre adversaire, couché sur le sol, fait feu sur vous avec son désintégrateur.*

217

Vous décidez de pénétrer dans l'entrepôt. Mais allez-vous entrer immédiatement dans le bâtiment par la porte principale, située sur la façade (rendez-vous au **178**), ou préférez-vous tout d'abord jeter un coup d'œil autour de vous (rendez-vous au **188**) ?

218

Le bureau est désert et ne contient que les meubles et l'équipement habituel à ce genre d'endroit. Vous n'avez sans doute pas beaucoup de temps devant vous. Allez-vous consulter les dossiers confidentiels sur l'écran de l'ordinateur (rendez-vous au **140**) ou fouiller les tiroirs du bureau (rendez-vous au **179**) ?

219

C'est un pur hasard, mais la passerelle conduit à un balcon qui surplombe la salle qui grouille de personnages vêtus de noir. En oscillant, ils entonnent un étrange psaume tandis que deux d'entre eux agitent en larges cercles un encensoir fumant. Bientôt un troisième homme entre, sans doute le supérieur de cette inquiétante assemblée, et s'avance à la place d'honneur. D'une voix grave, il entonne une longue prière dédiée à une des puissances du Mal, qu'il invoque sous le nom de Thuvald. Manifestement, vous n'êtes pas au bon endroit. Ce sanctuaire diabolique n'a rien à voir avec le trafic qui vous intéresse. Vous vous éclipsez par la passerelle et vous quittez l'Astéroïde C-230 pour regagner Kelter. Rendez-vous au **231**.

220

— Parfait, dit-il en prenant l'argent. Que voulez-vous savoir ?

— Je veux des renseignements sur les stupéfiants : d'où viennent-ils ? Qui les reçoit ?
Le sujet a l'air de l'embarrasser passablement.
— Eh bien, euh... Je dois vous dire que je ne sais pas grand-chose sur la question. A mon avis, il doit y avoir plus ou moins un lien avec un satellite placé sur l'orbite L-16... des communications intermittentes... Vous feriez bien d'y aller...
— Des communications avec qui ? demandez-vous.
Il se frotte les mains l'une contre l'autre.
— Il me faut 2 000 crédits de plus et je serai *peut-être* en mesure de vous aider, dit-il.
Allez-vous lui donner l'argent qu'il vous demande (rendez-vous au **181**) ou préférez-vous abandonner la partie et trouver un officier des douanes en vous promettant cette fois de le traiter rudement (rendez-vous au **142**) ? Vous avez également la possibilité de partir à la recherche du satellite auquel il vient de faire allusion (rendez-vous au **36**).

221

Vous avez réussi à atteindre le satellite. Vous jetez un grappin magnétique qui servira d'amarre et vous empêchera de dériver dans l'espace. Votre équipement contient un câble de communication que vous extrayez et que vous déroulez. Puis, sortant de votre vaisseau, vous le branchez sur un micro-émetteur que vous avez repéré sur le flanc du satellite. Vous êtes ainsi en liaison directe avec l'ordinateur principal du satellite. Vous allez pouvoir le consulter et apprendre quel est son rôle, savoir s'il enregistre des communications et sur quelle fréquence il émet en retour. Vous regagnez votre vaisseau. Là vous pouvez déchiffrer les informations fournies par votre piratage : vous apprenez que le satellite reçoit des informations d'un Astéroïde non identifié et les transmet au dernier étage de la Tour Isocèle, située au centre de la Capitale de Kelter. Tous les messages traitent du convoyage du Satophil, depuis l'Astéroïde jusqu'à la planète. Il est regrettable que vous ne sachiez pas où se trouve le satellite ; cependant, vous connaissez l'emplacement de la Tour Isocèle. Vous retournez donc sur Kelter. Rendez-vous au **320**.

222

Vous heurtez ses pare-chocs et, en abordant le virage, vous écrasez la pédale de l'accélérateur. Jetez deux dés. Si le chiffre obtenu est supérieur ou égal à votre total d'HABILETÉ, rendez-vous au **183**. S'il est inférieur, rendez-vous au **144**.

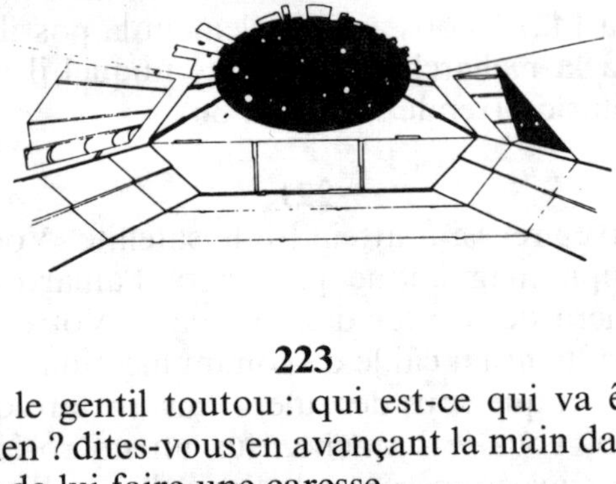

223

— Oh, le gentil toutou : qui est-ce qui va être un bon chien ? dites-vous en avançant la main dans l'intention de lui faire une caresse.
Il bave, ouvre une gueule énorme... et vous mord sauvagement le bras. Vous perdez 1 point d'HABILETÉ. Rendez-vous au **184**.

224

Vous avez commis une grossière erreur de jugement car vous avez affaire à une sentinelle autoprogrammée. Elle réagit instantanément en vous expédiant une décharge électromagnétique qui vous attire au centre des quatre cubes. Des éclairs fusent, se croisent et vous traversent de part en part. En une seconde, vous êtes réduit en cendres.

225

Allez-vous presser le bouton de la porte qui se trouve :

Devant vous ?	Rendez-vous au **118**
Derrière vous ?	Rendez-vous au **157**
A gauche ?	Rendez-vous au **196**
A droite ?	Rendez-vous au **235**
En bas ?	Rendez-vous au **274**
En haut ?	Rendez-vous au **313**

226

Alors que vous bondissez de derrière un véhicule pour courir vous cacher dans l'ombre d'un immeuble, vous trébuchez sur une pile de boîtes métalliques traînant sur le trottoir, ce qui produit un bruit épouvantable. La femme se retourne et vous aperçoit alors. Aussitôt, elle se met à courir. Jetez deux dés. Si le chiffre obtenu est supérieur ou égal à votre total d'HABILETÉ, rendez-vous au **187**. S'il est inférieur, rendez-vous au **148**.

227

Vous vous approchez de lui avec prudence.

— Je suis Clive Torus. Nous pourrions peut-être... travailler ensemble, dit-il en regardant furtivement tout autour de lui.

— Oui ? répondez-vous sans vous engager. De quelle manière ?

— Rejoignez-moi au *Star Heroïc Bar*, demain matin à neuf heures. Nous bavarderons.

Il se détourne et disparaît dans les profondeurs de l'entrepôt. Vous pouvez attendre le lendemain pour le rencontrer à l'endroit qu'il vous a indiqué (rendez-vous au **315**) mais, puisque vous savez qu'une cargaison en provenance de l'Astéroïde doit arriver le soir même, vous pouvez également essayer de trouver quelqu'un dans la Base Spatio-Orbitale susceptible de vous renseigner sur les vols illégaux (rendez-vous au **384**).

228

— Des vols spatio-orbitaux clandestins ? dit-il d'un ton songeur. Oui, il y en a, paraît-il, dans le coin... à ce qu'on raconte...

Vous essayez de lui soutirer quelques renseignements supplémentaires.

— Eh bien, dit-il en jetant des coups d'œil autour de lui pour s'assurer que personne n'écoute. Eh bien, il y a cet Astéroïde, le C-230, qui se trouve sur l'anneau principal des Astéroïdes de Kelter. On y a remarqué beaucoup d'allées et venues bizarres... Vous pourriez essayer de ce côté-là. Ses coordonnées vous seront données par n'importe quel ordinateur de bord.

Avez-vous l'intention de suivre son conseil et d'aller voir cet Astéroïde de plus près (rendez-vous au **73**) ou préférez-vous retourner en ville pour essayer de vérifier ses informations (rendez-vous au **189**) ?

229

Le conduit de climatisation passe par une chambre de ventilation, traverse deux sas d'air stérile à fermeture automatique et débouche finalement dans un autre conduit d'air, conditionné celui-là. Comme les occupants de l'Astéroïde n'utilisent pas, semble-t-il, de générateurs pour rétablir la gravité, vous progressez en flottant dans le conduit d'air conditionné. Vous arrivez ainsi à la hauteur d'une grille. Entre les barreaux, vous distinguez confusément une salle de grandes dimensions plongée dans la pénombre. Sa seule source de lumière provient d'une mince flamme rouge qui vacille au-dessus d'un piédestal, posé en son centre. Allez-vous pousser la grille pour entrer dans cette salle (rendez-vous au **171**) ou préférez-vous continuer votre progression dans le conduit (rendez-vous au **190**) ?

230

Si vous êtes disposé à vous séparer d'au moins 2 000 crédits, vous pouvez tenter de corrompre un Contrôleur de la Douane pour obtenir des informations (rendez-vous au **298**). A moins que vous ne préfériez recourir à la méthode forte... (rendez-vous au **142**).

231

Vous n'avez pas vraiment le choix et les quelques possibilités qui s'offrent à vous ne vous semblent guère enthousiasmantes. Vous semble-t-il préférable de retourner sur Kelter pour vous livrer à une enquête dans la Capitale (rendez-vous au **75**), de repartir dans l'espace à la recherche d'une nouvelle piste (rendez-vous au **192**) ou encore de chercher l'Astéroïde C-230, si vous en avez déjà entendu parler (rendez-vous au **73**) ?

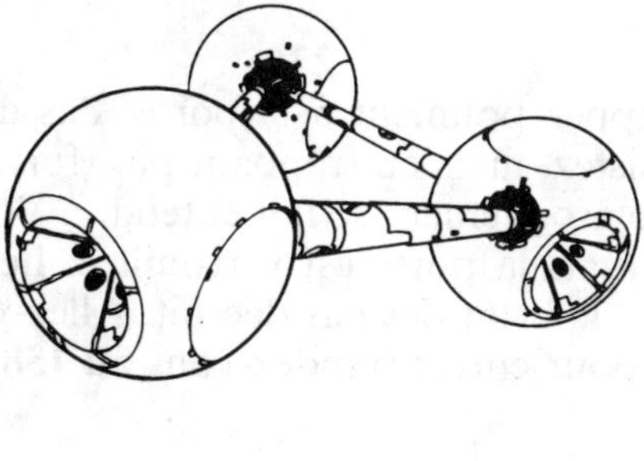

232

Vous perdez le contrôle de votre véhicule qui dérape et sort de la route. Vous faites un tête-à-queue dans un champ avant de vous immobiliser dans un terrain marécageux. Votre pare-brise est couvert de boue et les essuie-glaces fonctionnent qu'à grand-peine. Votre visibilité est presque nulle. Aussi vous devez soustraire 1 point à votre total d'HABILETÉ aussi longtemps que vous resterez au volant de ce véhicule. Vos roues patinent dans la boue, mais vous réussissez finalement à vous extraire de ce marécage et à regagner la route. Rendez-vous au **387**.

233

Rendez-vous au **116**.

234

Derrière la porte se trouve une pièce remplie de combinaisons pressurisées fluorescentes et de tentes à oxygène d'urgence. Vous n'en avez nullement besoin à l'intérieur de l'Astéroïde. Aussi vous quittez la pièce et vous reprenez votre progression dans le tunnel. Rendez-vous au **195**.

235

Vous recevez une décharge de protons. La porte ne s'ouvre pas. Vous perdez 1 point d'ENDURANCE et vous devez retourner au **225**.

236

Vous frappez poliment à la porte. Pas de réponse. Vous insistez, mais en frappant plus fort. Seule une espèce de grognement se fait entendre. Vous essayez d'entrer mais la porte est verrouillée. Les secondes passent et le bruit des pas décroît. Allez-vous forcer la porte pour entrer (rendez-vous au **158**) ou préférez-vous courir à la poursuite de l'homme qui descendait l'escalier (rendez-vous au **197**) ?

237

— Je suis l'un des... collaborateurs de Clive... je travaille avec lui, dites-vous. Savez-vous où il se trouve ?
Sa figure se tord dans une grimace de douleur et elle éclate en sanglots.
— Mais vous ne nous laisserez donc jamais en paix ? Allez-vous-en ! Retournez donc là-bas, au *Cyclotron*, rejoindre les autres, cette bande de crapules !
Elle vous claque la porte au nez. Parfait ! Le *Cyclotron* est un bar situé à proximité de la Base Spatio-Orbitale. Vous n'avez plus qu'à aller y faire un petit tour. Rendez-vous au **286**.

238

Les gardes sont pris au dépourvu : le temps qu'ils se décident à tirer, et vous êtes déjà en train de courir à travers un terrain d'astrogolf vers un bouquet d'arbres. Là, vous reprenez haleine. Derrière vous, des coups de feu et des cris retentissent. Devant vous se dresse le mur d'enceinte de la propriété. Vous pouvez vous enfuir en escaladant le mur, mais alors nul doute que les trafiquants déserteront l'endroit et qu'il vous faudra chercher une nouvelle piste. Cependant, si vous en décidez ainsi, rendez-vous au **231**. Vous pouvez également revenir au manoir pour essayer de vous y introduire par effraction, rendez-vous dans ce cas au **199**.

239

Le monstre déploie ses grandes ailes, se dresse devant vous et vous toise avec une expression d'effroyable méchanceté. Puis il dit :

Egaré que tu es
Au mauvais lieu
En la mauvaise place,
Que n'es-tu pas
Où tu devrais : à la Douane
Avec les Douaniers !

Rendez-vous au **161**.

240

Rendez-vous au **162**.

241

En prenant le raccourci, vous avez gagné une centaine de mètres sur vos adversaires qui filent devant vous. Rendez-vous au **202**.

242

Vous ramassez quelques-uns des dossiers qui traînent à terre et vous vous installez devant la console d'un ordinateur. Jetez deux dés. Si le chiffre obtenu est supérieur ou égal à votre total d'HABILETÉ, rendez-vous au **164**. S'il est inférieur, rendez-vous au **125**.

243

Elle gît, couchée sur le dos et souffle comme une baleine, immobile et épuisée.

— Zera, Zera, dites-vous en lui donnant des gifles, je veux des informations sur le Réseau !

Malheureusement, elle est trop choquée et ne peut que balbutier :

— En haut... puis à gauche...

Rendez-vous au **126**.

244

Vous réussissez à sauter sur la troisième sphère. De là, il vous est tout à fait facile de sortir de ce lieu de cauchemar. Rendez-vous au **283**.

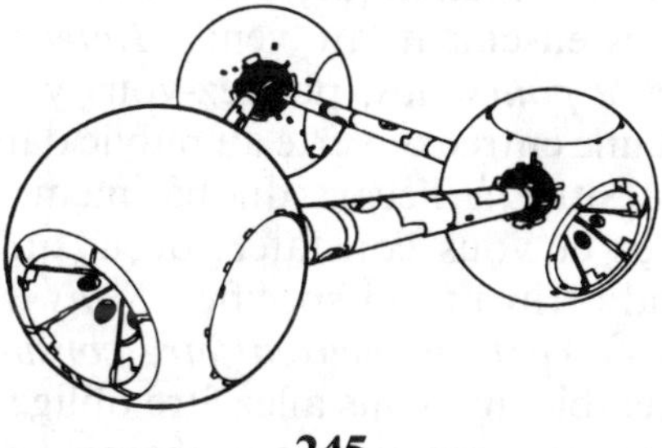

245

L'homme se recroqueville au-dessus de son verre, comme s'il espérait faire disparaître sa tête entre ses deux épaules, et commence à vous débiter en marmonnant une longue fable complètement délirante sur l'horreur de Tau-Ceti sans en préciser sa nature. De par le bruit qui règne dans le bar et parce que l'ancien membre du personnel navigant parle d'une voix sourde, vous perdez une grande partie de son récit. Vous vous apercevez soudain avec surprise qu'il est arrivé à la fin de son histoire. Vous n'avez réussi à obtenir qu'une seule information intéressante parmi ce fatras d'absurdités : il se passe des choses bizarres sur Fin-de-Terre et la grosse femme qui joue aux cartes, assise à une table derrière vous, y est mêlée. Que penser de tout cela ? Allez-vous vous rendre sur Fin-de-Terre, la petite lune, et tâcher de voir s'il y a quelque chose à y glaner (rendez-vous au **398**) ou préférez-vous garder un œil sur cette femme assise derrière vous (rendez-vous au **343**) ?

246

Le Fichier Central de Renseignements Informatisés est un affreux bâtiment rectangulaire, trapu et massif, construit voilà certainement bien des années, et défendu par des kilomètres de clôture électrifiée. Un grand panneau métallique, accroché à la clôture, grince paresseusement au vent : *Défense d'entrer sous peine de poursuites*, pouvez-vous y lire. Il y a cependant une entrée ouverte au public dans un petit blockhaus, situé à l'écart du bâtiment principal. Vous entrez et vous constatez, déçu, qu'il y a un autre grand écriteau qui spécifie : *Seuls les dossiers ayant plus de cent ans peuvent être consultés par le public*. Il semble que vous allez être obligé de recourir à une ruse quelconque pour obtenir les informations que vous souhaitez. Allez-vous essayer de corrompre le réceptionniste (rendez-vous au **207**) ou préférez-vous pénétrer dans le Ficier Central de Renseignements par effraction (rendez-vous au **90**) ?

247

Sur l'Héliport, de nombreux hologrammes surmontés d'un slogan affirment : *C'est votre confort et votre sécurité qui nous intéressent !* Les hologrammes représentent, en outre, les membres du personnel chargé d'assurer le fonctionnement de l'Héliport principal. Vous constatez ainsi qu'il y a deux Commandants en Chef dont vous mémorisez les traits. Puis vous louez un véhicule de sol que vous garez sur le parking du personnel et vous attendez. Quelques heures plus tard, l'un des Commandants en Chef sort, monte dans un petit véhicule de sol et démarre. Vous le suivez. Il s'arrête bientôt devant un immeuble et descend. Vous l'imitez et vous vous approchez de lui. Allez-vous le traiter rudement pour lui soutirer les informations qui vous sont indispensables (rendez-vous au **208**) ou, au contraire, user d'amabilité et de persuasion (rendez-vous au **296**) ?

248

Deux hommes armés surgissent au bout du couloir et vous somment de vous rendre. Pour toute réponse, vous leur expédiez une décharge de votre Pistolet Laser pour qu'ils n'aient aucun doute sur vos intentions. Ils rispostent aussitôt en lançant vers vous un petit projectile qui explose dans un nuage de fumée. Une bombe de Gaz Perturbateur : vous tentez de retenir votre respiration, mais vous perdez vite conscience. Lorsque vous revenez à vous, vous constatez que les deux hommes vous transportent comme un vulgaire paquet. Mais il vous est tout à fait impossible de leur opposer la moindre résistance. Rendez-vous au **151**.

249

Un seul coup de feu suffit pour que le tireur dégringole de son perchoir et s'écrase au sol, mort. Vous rengainez votre Pistolet Laser et vous marchez à la rencontre de Mme Torus.

— Quelle belle journée, n'est-ce-pas, Mme Torus ? Avez-vous les documents ?

— Oui, les voilà, dit-elle en montrant la cartouche en Titane ionisé. Allez...

A cet instant, une déflagration se produit juste à vos pieds. On vient de vous lancer une bombe qui a explosé à grand fracas, pulvérisant du même coup la serre près de laquelle vous vous teniez et dont le souffle vous plaque à terre. Jetez deux dés et déduisez le chiffre obtenu de votre total d'ENDURANCE. Si vous avez survécu à l'explosion, vous vous relevez en titubant et vous apercevez, derrière le corps inerte de Mme Torus, un jeune homme à l'allure un peu trop soignée se pencher, puis se relever, la cartouche renfermant les documents à la main. Sans même vous jeter un regard, il se précipite vers le véhicule noir qui est garé à proximité. Allez-vous le prendre en chasse (rendez-vous au **191**) ou porter tout d'abord secours à Mme Torus au risque de le laisser s'enfuir (rendez-vous au **210**) ?

250

Trois cents personnes environ vivent dans la base : des scientifiques, des techniciens et quelques touristes qui, pour la plupart, ne vous sont d'aucune aide. Vous louez pour quelques jours un petit scooter à réaction afin de pouvoir sillonner la surface de la petite lune. Vous dépensez 500 crédits pour cela. Vos recherches donnent de piètres résultats : vous rencontrez deux prospecteurs et une équipe technique qui vérifie l'étanchéité de l'amalgame placé sous la croûte lunaire. Pas la moindre trace d'une éventuelle unité de production de drogue. En désespoir de cause, vous quittez Fin-de-Terre et vous partez pour la planète principale, Kelter. Rendez-vous au **333**.

251

Vous dérapez et mordez l'accotement mais vous conservez néanmoins, sans trop savoir comment, le contrôle de votre véhicule. Et vous accélérez à fond

249 *Une bombe explose à grand fracas pulvérisant la serre près de laquelle vous vous teniez.*

dans la longue descente qui fait suite au virage. Vos adversaires sont encore loin devant vous. Et vous estimez leur vitesse à environ 190 km/h. Allez-vous continuer à accélérer pour essayer de les rattraper (rendez-vous au **124**) ou préférez-vous, par prudence, rouler à leur allure (rendez-vous au **212**) ?

252

Vous donnez un bon coup de volant et vous projetez votre Prototype Sport dans le flanc de l'énorme véhicule noir. Peinture éraflée, tôle froissée et gerbes d'étincelles en résultent. Jetez deux dés. Si le chiffre obtenu est supérieur ou égal à votre total d'HABILETÉ, rendez-vous au **213**. S'il est inférieur rendez-vous au **174**.

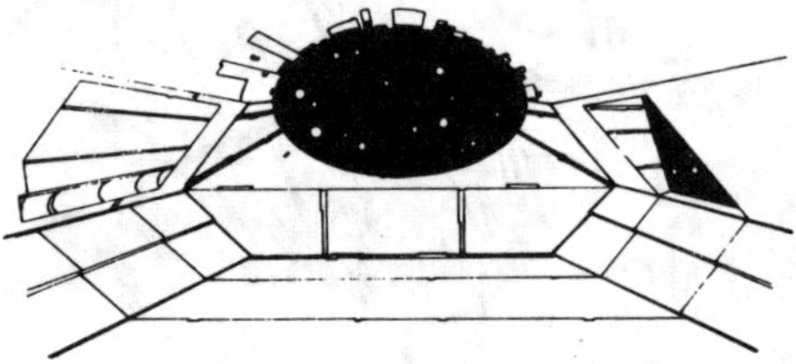

253

Le couloir vous mène à une pièce octogonale, au centre de laquelle se tient un robot en argent chromé, doté de sept palpeurs électroniques. Il a manifestement été conçu sur une autre planète. « Bonjour ! » soupire-t-il en dépliant, pour se lever, ses sept pattes articulées et en étendant dans votre direction quelques-unes de ses antennes équipées de microrécepteurs sensitifs. Puis il continue :

Rouge est ma couleur
Et d'un scorpion je suis le cœur
Bien qu'à tous les arachnides
Je sois parfaitement étranger.
En un mot, qui suis-je ?

Par quelle lettre de l'alphabet commence le mot qui est la solution à l'énigme posée par ce Sphinx d'un nouveau genre ?

Le A ? Rendez-vous au **214**
Le S ? Rendez-vous au **175**
Le X ? Rendez-vous au **136**

254

Le dos collé à la paroi de la caverne, vous progressez en flottant vers l'entrée du tunnel. Soudain, l'un des monstres étend vers vous l'un de ses tentacules, puis deux, puis trois. Bientôt une demi-douzaine de tentacules, pour le moins, vous entourent et vous attirent lentement vers une gueule béante. Ces monstres, en effet, ne sont que d'énormes appareils digestifs, dont la seule fonction est de dévorer. Et c'est précisément ce que se propose de faire celui qui vous a attrapé. Jetez deux dés. Si le chiffre obtenu est supérieur ou égal à votre total d'HABILETÉ, rendez-vous au **215**. S'il est inférieur, rendez-vous au **176**.

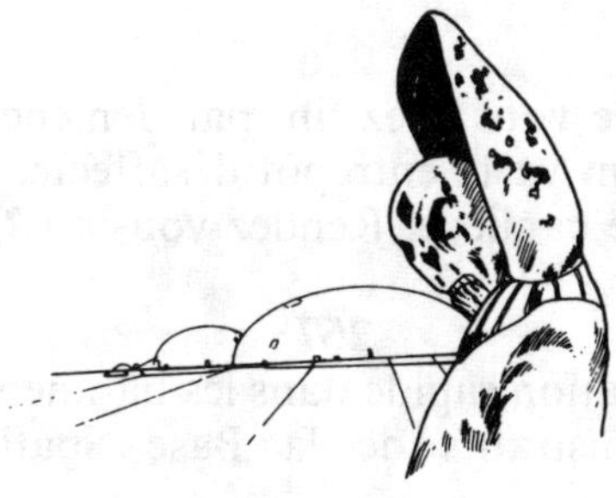

255

Vous empruntez un Turbolift pour vous rendre au Quartier Général des Gardes de la Sécurité (c'est ainsi qu'on désigne la Police sur Kelter). Le trajet vous permet de vous faire une idée précise des dimensions de la Capitale de Kelter, en réalité la seule véritable ville de la planète. C'est une petite métropole flanquée de banlieues, d'environ dix kilomètres de diamètre. Le centre est occupé par quelques immeubles vieillots de cinquante étages, réservés aux bureaux, et par des tours résidentielles. On y voit circuler de nombreux Hélijets ainsi que des véhicules de sol, mais aucun piéton. En somme, la banale capitale d'une banale planète. Vous arrivez au Quartier Général, situé en plein centre de la ville, et vous gagnez le quarante-neuvième étage où se trouvent les bureaux des Services de la Répression des Stupéfiants.

— Excusez-moi, dites-vous au réceptionniste, je voudrais parler à un enquêteur principal, s'il vous plaît.

— Oh !... fait l'homme en sursautant — visiblement il était en train de somnoler. Oui, Euh... C'est par là, tout droit.

Jetez un dé. Si le chiffre que vous obtenez est pair, rendez-vous au **96**. S'il est impair, rendez-vous au **297**.

256

L'adresse que vous avez fini par dénicher se révèle être celle d'un vaste entrepôt désaffecté, situé dans une lointaine banlieue. Rendez-vous au **217**.

257

Une investigation rapide dans les bâtiments des Services Administratifs de la Base Spatio-Orbitale vous permet de localiser le bureau du Commandant en Chef. Vous frappez à la porte mais vous n'obtenez pas de réponse. Vous l'ouvrez silencieusement et vous entrez. Jetez un dé. Si le chiffre obtenu est pair, rendez-vous au **218**. S'il est impair, rendez-vous au **23**.

258

Quelque part, un gong retentit. Le son se propage à travers tout l'Astéroïde et en fait vibrer les pierres. Les deux hommes inclinent humblement la tête en signe de soumission et s'éloignent en flottant par un autre couloir. Vous les suivez et peu après vous arrivez à un carrefour. Des silhouettes vêtues de noir, de plus en plus nombreuses, débouchent de tous les couloirs à la fois et se dirigent vers une vaste salle. Tout semble indiquer qu'il va y avoir une importante assemblée. Allez-vous vous glisser dans la salle sans vous faire remarquer en suivant le dernier homme vêtu de noir (rendez-vous au **180**) ou préférez-vous emprunter une passerrelle qui monte en colimaçon et que vous avez remarquée juste à l'entrée de cette salle (rendez-vous au **219**) ?

259

— Parfait, dit-il en prenant l'argent. Que voulez-vous savoir ?
— Je veux des renseignements sur les stupéfiants : d'où viennent-ils et qui les reçoit ?
L'homme a l'air passablement embarrassé.
— Eh bien... je ne sais pas grand-chose. A mon avis, il doit y avoir plus ou moins un lien avec un satellite qui se trouve sur l'Orbite L-16... un satellite de communication... Vous feriez peut-être bien d'y aller.
— Et qui l'utilise ? demandez-vous.
— Je... je ne sais pas, je ne peux pas le dire...

Il se détourne brusquement et rentre en courant dans le dépôt. Vous pouvez vous mettre dès maintenant à la recherche de ce satellite (rendez-vous au **36**), mais si vous pensez que vous ne possédez pas encore suffisamment d'éléments pour vous lancer dans l'espace, vous pouvez également essayer de trouver un officier des douanes pour l'interviewer à votre manière... (rendez-vous au **142**).

260

Une lueur blanche sort des tuyères des réacteurs qui vous entraînent lentement dans la direction du satellite. Vous avez l'impression d'avoir maintenant couvert à peu près la moitié de la distance qui vous sépare, mais vous devez allumer les réacteurs directionnels si vous ne voulez pas être déporté. Une correction de trajectoire est, en effet, nécessaire pour réussir votre approche. Jetez deux dés. Si le chiffre obtenu est supérieur ou égal à votre total d'HABILETÉ, rendez-vous au **182**. S'il est inférieur, rendez-vous au **221**.

261

En prenant le raccourci, vous avez réduit de quelques mètres l'écart entre le véhicule de vos adversaires et le vôtre. Vous arrivez juste derrière eux à l'instant où ils sortent du virage. Rendez-vous au **378**.

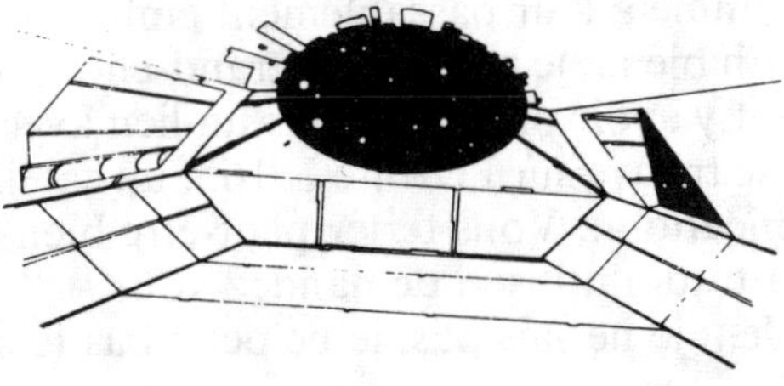

262

Vous dégainez votre Pistolet Laser à l'instant où le monstre écumant de rage vous saute à la gorge. Rendez-vous au **184**.

263

La Sentinelle tournoie, et son système de commandes détérioré explose et vole en éclats aux quatre coins de la pièce. Après vous être assuré que vous ne courez plus aucun danger, vous enjambez les débris en direction de l'entrée du tunnel. Rendez-vous au **185**.

264

Une courte lame effilée jaillit quand vous touchez le bouton de la porte et vous lacère la main. Mais la porte ne s'ouvre pas. Vous perdez 1 point d'HABILETÉ. Revenez au **186**.

265

Après plusieurs heures d'attente, la femme se hisse péniblement sur ses jambes tout en émettant quelques bruits d'estomac peu convenables... En titubant quelque peu, elle se dirige vers la porte, sous les regards fatalistes de ses compagnons de jeu. Vous reposez votre verre et vous vous glissez dehors furtivement sur les pas de cette femme. Il fait noir dans la rue, et cette obscurité vous offre de multiples occasions de vous dissimuler. Jetez deux dés. Si le chiffre obtenu est supérieur ou égal à votre total d'HABILETÉ, rendez-vous au **226**. S'il est inférieur, rendez-vous au **70**.

266

Vous filez le long de la structure métallique dans la direction opposée à celle où se trouve l'homme et vous quittez l'entrepôt. La seule piste que vous ayez, c'est la certitude qu'une « cargaison » doit arriver des Astéroïdes. Vous décidez de trouver quelqu'un connaissant bien le trafic spatial afin d'obtenir des renseignements sur les vols clandestins. Rendez-vous au **384**.

267

Il accepte de parler si vous lui donner 500 crédits. (N'oubliez pas de modifier votre *Feuille d'Aventure*.) Rendez-vous au **228**.

268

Vous vous asseyez à ses pieds.

— Il me semble, monsieur, dit-il en préambule, qu'on vous a mal renseigné au sujet de certaines choses. Pour parler franc, on vous a menti.

— Comment ça ?

— Voyez-vous, cet Astéroïde est un monastère. Rien d'autre. Pas la moindre illégalité dans tout cela. Je vous conseille, en retournant sur Kelter, de rendre visite aux contrôleurs douaniers de la Base Spatio-Orbitale. Adieu et bonne chance !

Il agite alors les mains en prononçant des paroles inintelligibles. Instantanément, vous êtes transporté dans votre vaisseau spatial. Vous repartez donc pour Kelter que vous atteignez en peu de temps. Allez-vous maintenant suivre le conseil du Grand Inquisiteur en vous rendant au Poste des Douanes (rendez-vous au **337**) ou bien préférez-vous chercher une autre piste (rendez-vous au **231**) ?

269

Vous montez sur le toit du bâtiment réservé aux passagers et vous découvrez une porte de service qui vous permet de vous glisser sous la charpente métallique. Vous vous frayez avec peine un chemin à travers les fils électriques, les extincteurs automatiques et les équipements antiterroristes et vous arrivez, enfin, juste au-dessus du guichet de la Douane. Vous attendez des heures entières, mais rien ne se passe, personne n'arrive. Le bâtiment réservé aux passagers n'est apparemment pas un haut lieu du crime et de la débauche. Il est trop tard maintenant pour vous cacher dans le dépôt de marchandises, mais vous avez encore le temps de sortir de dessous la charpente métallique et d'aborder un Douanier pour lui poser quelques questions. Rendez-vous alors au **230**. Mais vous pouvez également quitter la Base Spatio-Orbitale pour vous mettre en quête d'une autre piste. Rendez-vous dans ce cas au **231**.

270

Vous perdez le contrôle de votre véhicule qui dérape, quitte la chaussée pour aller heurter avec violence le bas-côté. Il finit sa course contre un arbre, où il se disloque et explose. Votre corps est déchiqueté par la violence de l'explosion. Vous avez échoué dans votre mission.

271

Les bas-côtés de la route sont meubles et s'affaissent sous le poids de votre véhicule. Jetez deux dés. Si le chiffre obtenu est supérieur ou égal à votre total d'HABILETÉ, rendez-vous au **232**. S'il est inférieur, rendez-vous au **193**.

272

Vous dites le premier mot qui vous vient à l'esprit : « Clavicule. » La soucoupe bourdonne, s'élève jusqu'à un renfoncement ménagé dans le plafond où elle disparaît. Puis une voix aux accents métalliques vous déclare : « Vous pouvez passez. » Rendez-vous au **77**.

273

La surface de l'Astéroïde est crevassée et porte les traces du combat sous la forme d'un léger halo. Vous posez votre vaisseau et vous vous dirigez vers le sas. Après l'avoir traversé, vous vous apercevez que vous vous trouvez à l'extrémité d'un long tunnel, où la gravité est nulle, et qui s'enfonce dans les profondeurs de l'Astéroïde. Vous progressez en flottant et vous arrivez à la hauteur d'une porte étanche, creusée dans le roc. Elle ne porte aucune inscription ni consigne de sécurité. Allez-vous continuez tout droit dans le tunnel (rendez-vous au **195**) ou ouvrir la porte (rendez-vous au **234**) ?

274

Vous recevez une décharge d'électrons. La porte ne s'ouvre pas. Vous perdez 1 point d'ENDURANCE et vous retournez au **225**.

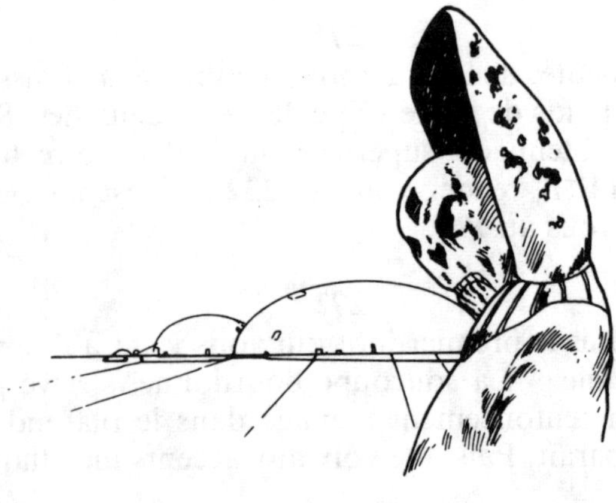

275

Arrivé à la ville-dôme, vous décidez de louer un petit scooter à réaction pour quelques jours (comptez 500 crédits pour les frais). Lorsque vous prenez possession du scooter ainsi que de la combinaison pressurisée, après avoir accompli les formalités de location, vous découvrez que quelqu'un a glissé un mot dans votre casque : *« Si vous voulez vivre vieux, quittez Aleph-Cygni. »* Vous ne voyez personne rôder dans les parages. Le messager a dû filer aussitôt. Vous passez quelques jours à sillonner la surface de Fin-de-Terre mais, mis à part quelques petits avant-postes miniers, vous ne trouvez pas le moindre indice d'une quelconque activité illégale. Vous reprenez le chemin de la ville-dôme. A l'instant où vous garez votre scooter, un coup de feu est tiré par quelqu'un qui est embusqué derrière un énorme broyeur d'ordures. La balle explosive ricoche à vos pieds mais, heureusement, n'explose pas. Allez-vous riposter sans attendre (rendez-vous au **216**) ou jugez-vous plus sage de prendre la fuite (rendez-vous au **138**) ?

276

Vous consultez le répertoire vidéophonique. Il n'y a qu'un seul Clive Torus, demeurant au numéro 113 de la Cinquième-Avenue. Vous prenez un Turbolift pour le centre-ville et vous vous arrêtez devant l'immeuble. Il ne vous est pas difficile de découvrir l'appartement de Clive Torus et vous frappez à la porte. Une voix féminine vous répond, probablement sa femme. « Il n'est pas là ! » dit-elle en ouvrant la porte, tout en luttant pour retenir ses larmes. Elle a l'air effrayée au plus au point. Vous pouvez vous faire passer pour un des collègues de Clive, si vous le désirez (rendez-vous au **237**), ou lui révéler votre identité de Détective de la Brigade Fédérale afin de savoir où il se trouve (rendez-vous au **198**).

277

Vous plongez dans la haie de troènes. *Tentez votre Chance*. Si vous êtes Chanceux, rendez-vous au **238**. Sinon, rendez-vous au **209**.

278

Elle déploie ses grandes ailes, se dresse toute droite devant vous et vous toise avec une expression d'effroyable méchanceté.

— Tu es dans l'enceinte sacrée du temple dédié à la plus impitoyable des divinités du Mal. J'ai nommé le Thuvald de Kyth, siffle-t-elle entre ses dents de métal.

Rendez-vous au **200**.

279

Rendez-vous au **162**.

280

Vous écrasez la pédale du frein et vous arrivez de justesse à ne pas quitter la route. Rendez-vous au **387**.

281

L'énorme transporteur antigravitationnel est un engin gris foncé, de la longueur de deux Hélijets. Il flotte à un mètre environ au-dessus du sol. Vous pouvez essayer de le mettre en marche pour enfoncer le vantail, en étant certain que la rencontre sera douloureuse pour qui pourrait se trouver de l'autre côté (rendez-vous au **292**). Mais, si cette idée ne vous séduit pas, vous pouvez aussi bien vous diriger vers l'une ou l'autre des portes (rendez-vous au **311** ou au **301**) ou vers le vantail (rendez-vous au **67**).

282

Vous bondissez par-dessus le bureau et vous vous ruez sur elle. Vous roulez tous deux sur le sol. C'est un corps à corps féroce qu'il va vous falloir mener contre cette femme énorme.

ZERA
GROSS HABILETÉ : 8 ENDURANCE : 11

Si vous êtes vainqueur, rendez-vous au **243**. Sinon, rendez-vous au **204**.

283

Il ne vous faut pas longtemps pour vous retrouver dans un grand laboratoire. Des appareils en verre et en métal brillant couvrent toute la surface des murs. Ce doit être l'unité de fabrication de la drogue. C'est là qu'est raffinée la majeure partie du Satophil D, qui est ensuite écoulé sur tous les territoires des Espaces Intergalactiques. Il n'y a personne, et vous en profitez pour détruire le plus de matériels possible. Ce faisant, vous remarquez que ce laboratoire possède deux issues : une porte et un couloir. Que choisissez-vous : la porte (rendez-vous au **166**) ou le couloir (rendez-vous au **205**) ?

284

M. Samuel vous mène à une cantine d'aspect peu engageant, réservée, semble-t-il, au personnel de la Base Spatio-Orbitale. Il vous montre un petit holographe de l'homme dont il vous a parlé. Il est grand, le teint foncé avec un gros nez. Impossible de ne pas le reconnaître !

— Dites-lui que vous venez de ma part, ajoute M. Samuel en vous serrant la main pour vous dire au revoir.

Et il s'éloigne tandis que vous entrez dans la cantine. C'est un véritable bouge ! du bruit, de la fumée et des rixes... Mais, accoudé au comptoir, l'homme est là. Vous vous présentez, et il vous entraîne vers une table libre où il vous sera possible de parler. Rendez-vous au **245**.

285

Ces statistiques concernant les Transports, pratiquement sans intérêt, vous ont coûté des heures d'une lecture fastidieuse, assommante et ingrate. Pourtant vous constatez que, sur l'une des côtes du continent, la quantité totale de marchandises ache-

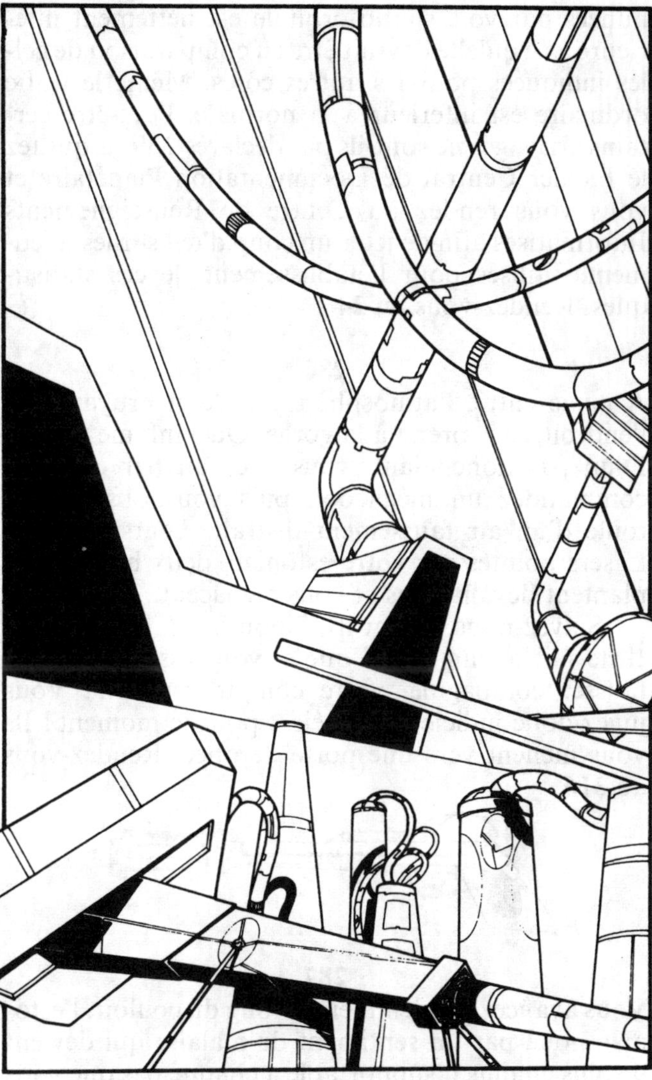

283 *Dans ce laboratoire, les murs sont couverts d'appareils en verre et en métal brillant.*

minées par voie spatio-orbitale est nettement inférieure à ce qu'elle devrait être en comparaison de celles indiquées pour les autres côtes. Même le trafic ordinaire est inférieur à la normale. Peut-être certains arrivages ne sont-ils pas déclarés ? Vous quittez le Fichier Central de Documentation Planétaire et vous vous rendez au Centre de Renseignements Informatisés afin de jeter un coup d'œil sur les documents utilisés pour l'établissement de ces statistiques. Rendez-vous au **246**.

286

A peine entré, l'atmosphère lourde et bruyante de l'endroit vous prend à la gorge. Quel infâme tripot ! D'un pas nonchalant, vous allez au bar où vous commandez un mégacool, puis vous observez la foule d'un air faussement distrait. Leurs Pistolets Lasers pointés sur votre estomac, deux hommes se plantent devant vous et vous menacent.

— Suivez-nous, disent-ils. Sinon...

Il ne fait aucun doute que si vous essayez de leur fausser compagnie, votre compte est bon ! Vous jugez donc judicieux d'obéir... pour le moment ! Ils vous mènent vers une porte dérobée. Rendez-vous au **316**.

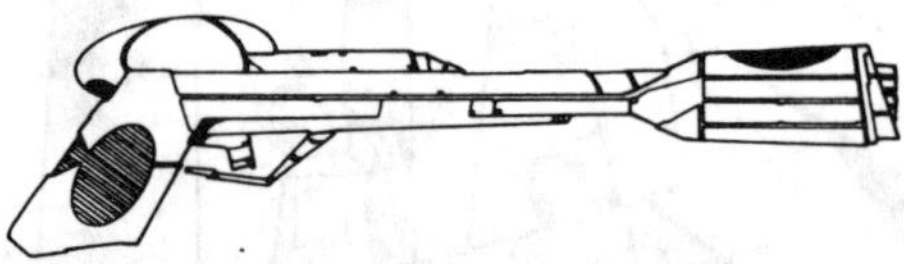

287

Vous avancez prudemment le long du couloir, l'estomac noué par un sentiment de malaise qui devient de plus en plus insupportable à chaque pas que vous faites. Vous vous retournez et vous découvrez une caméra fixée au plafond et qui suit le moindre de vos gestes. Une alarme sonore se déclenche bientôt suivie par un bruit de pas précipités. Allez-vous rester là sans rien faire (rendez-vous au **248**) ? Mais vous pouvez encore faire demi-tour et vous enfuir de ce manoir (rendez-vous au **231**).

288

Vous dégainez votre Pistolet Laser et vous visez soigneusement le tireur. Jetez deux dés. Si le chiffre obtenu est supérieur ou égal à votre total d'HABILETÉ, rendez-vous au **74**. S'il est inférieur, rendez-vous au **249**.

289

Vous restez sur orbite autour de Fin-de-Terre pendant quelques jours et vous en examinez la surface au moyen de votre détecteur visuel. Il n'y a pas grand-chose à voir : deux tentes à oxygène, occupées à l'évidence par des prospecteurs, et la base principale. En tout cas, aucun bâtiment susceptible d'abriter le matériel nécessaire à la production du Satophil D. Allez-vous vous poser sur la base afin de faire une enquête plus approfondie (rendez-vous au **250**) ou pensez-vous que vous perdez votre temps et qu'il serait plus efficace de retourner sur Kelter (rendez-vous au **333**) ?

290

Le véhicule adverse n'est plus qu'à environ cent mètres devant vous, lorsqu'il freine violemment pour négocier un virage en S. En abordant à votre tour le virage, vous constatez que les bas-côtés ont l'air stables. Allez-vous ralentir à votre tour (rendez-vous au **154**) ou, risquant le tout pour le tout, allez-vous couper le virage en ligne droite (rendez-vous au **271**) ?

291

L'air qui s'engouffre par votre vitre baissée vous empêche de viser la cible. De plus, la résistance supplémentaire qu'il exerce ainsi freine votre véhicule, de sorte que vos adversaires commencent nettement à vous distancer. Vous posez votre arme à vos côtés, vous remontez la vitre et vous foncez de nouveau derrière le véhicule noir. Rendez-vous au **37**.

292

Les tuyères vomissent des torrents de flammes, et vous dirigez le mastodonte vers le vantail. Alors que vous n'en êtes plus qu'à quelques mètres, vous faites donner toute leur puissance aux moteurs. L'appareil bondit et fracasse le vantail. Lorsque vous stoppez votre monstrueux engin, vous vous apercevez que quatre gardes au faciès de brute ont été écrasés, dans l'aventure, contre des conteneurs en plastique Sécurit qu'ils étaient chargés de surveiller. Vous mettez pied à terre pour inspecter les lieux. Rendez-vous au **28**.

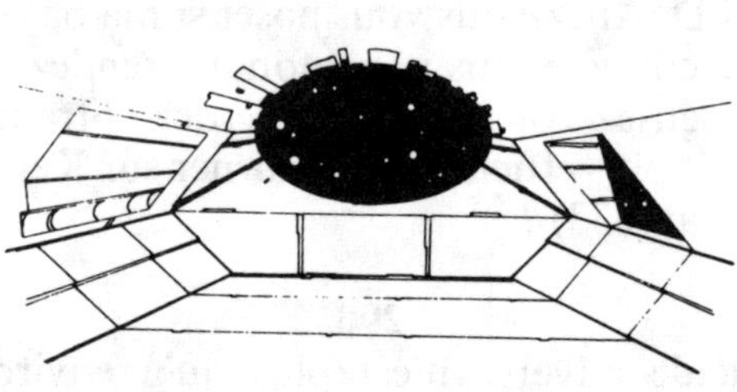

293

Le tunnel se termine dans une gigantesque caverne grossièrement taillée. Traversant cette caverne selon une diagonale qui aboutit à l'entrée d'un autre tunnel, trois sphères métalliques flottent dans l'espace, chacune équipée de sortes de protubérances ressem-

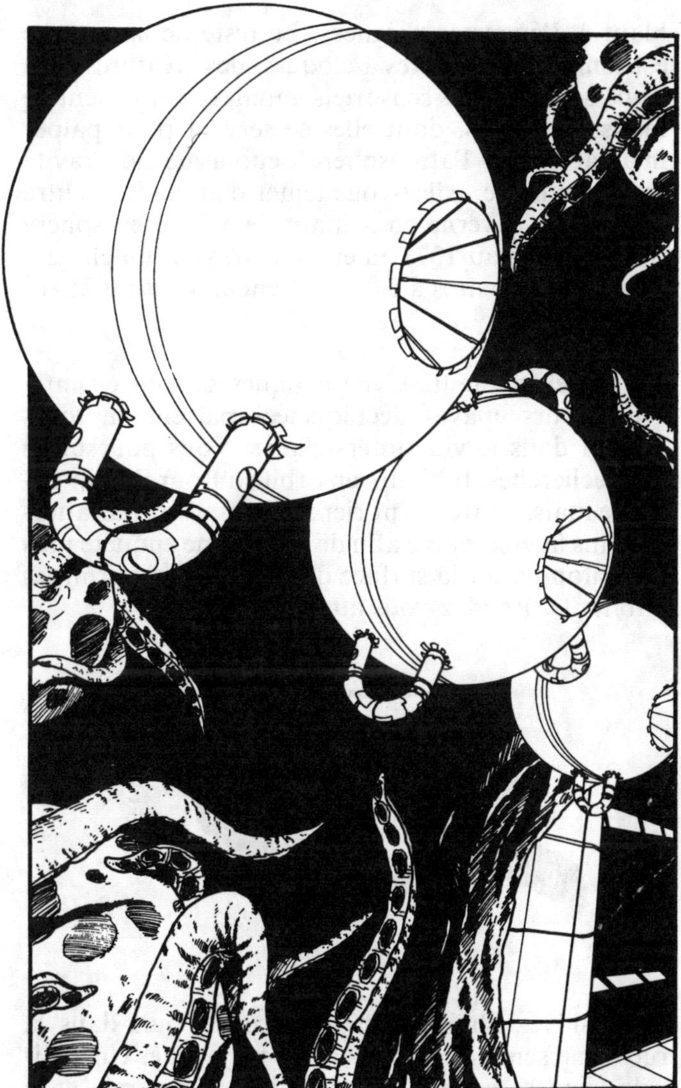

293 *Trois Sphères métalliques flottent dans l'espace.*

blant à d'énormes poignées. Le reste de la caverne est rempli de monstres à cloques, des créatures sans yeux, sans organes sensoriels, munies uniquement de longs tentacules, dont elles se servent pour palper inlassablement l'atmosphère dépourvue de gravité qui les entoure. Allez-vous tenter d'atteindre l'autre issue de la caverne en sautant de sphère en sphère (rendez-vous au **137**) ou en vous frayant un chemin parmi les monstres à cloques (rendez-vous au **254**) ?

294

Les Exterminateurs Cybernétiques se sont désintégrés. Leurs épaves déchiquetées partent en tournoyant dans le vide interstellaire. Vous poursuivez vos recherches, toujours en orbite autour de Fin-de-Terre mais, ne trouvant rien, vous finissez par atterrir dans la ville-dôme afin de mener une enquête plus approfondie sur la surface de cette lune et parmi ses habitants. Rendez-vous au **275**.

295

Vous suivez l'homme dans l'escalier, puis dans la rue. Il ne semble pas vous avoir remarqué. Un véhicule vient se ranger à côté de lui. Il y monte et le véhicule s'éloigne. Vous hélez rapidement un Turbolift et vous lui demandez de le prendre en chasse.

— Hé là, minute ! réplique le chauffeur. Je ne veux pas être mêlé à quoi que ce soit !

— Ecoutez, c'est très important, je vous en prie ! dites-vous pour tenter de le convaincre, tandis que vous suivez du regard le véhicule qui disparaît lentement dans le flot de la circulation.

— Pas question ! Je ne veux pas m'en mêler ! Prenez un autre Turbo.

Vous sortez votre Pistoler Laser et vous lui en collez le canon dans l'oreille droite.

— Faites ce que je vous dis ! intimez-vous d'un ton sans réplique.

A contrecœur, il met le contact et le Turbolift s'élève au-dessus de la cité et, en conservant un écart suffisant pour ne pas attirer l'attention, vous menez votre filature à bien jusqu'en banlieue où le véhicule disparaît dans un entrepôt. Vous vous posez un pâté d'immeubles plus loin. Vous réglez la course et vous présentez des excuses au chauffeur pour les mots un peu vifs que vous lui avez adressés. Rendez-vous au **217**.

296

— Je vous prie de m'excuser, monsieur, dites-vous avec politesse. Je suis Détective à la Brigade Fédérale des Stupéfiants et j'ai de bonnes raisons de croire que vous pourrez m'apporter une aide utile.

Ses yeux deviennent vitreux et il semble se liquéfier, tant il est terrorisé. Rendez-vous au **33**.

297

Le réceptionniste vous précède dans un long couloir. Il triture nerveusement sa cravate et efface avec une fébrilité maniaque les faux plis imaginaires de son uniforme.

— Habituellement, dit-il d'une voix onctueuse, c'est

M. Perry qui reçoit les visiteurs, mais il est au ba... je veux dire, en réunion, aujourd'hui ; aussi vais-je vous conduire chez M. Samuel qui le remplace.
Arrivé au bureau de M. Samuel, il entre et vous introduit.
— Salut ! dites-vous à l'homme qui vous fait face.
D'un geste de la main, Samuel fait signe au réceptionniste de se retirer et vous invite à vous asseoir.
— Je suis Détective de Catégorie A, attaché à la Brigade Fédérale Intergalactique des Stupéfiants. On m'a envoyé ici pour démanteler le Réseau de Trafiquants de Satophil D qui sévit dans le système d'Aleph-Cygni. Je vous serais reconnaissant de bien vouloir me fournir toute aide et informations souhaitables.
La peur ôte brusquement à M . Samuel l'usage de ses cordes vocales. Il se met à regarder sous son bureau, à examiner sa lampe et à s'intéresser passionnément à une fougère en pot. En désespoir de cause, il griffonne quelque chose sur un bout de papier qu'il vous met dans la main tout en vous poussant dehors. Debout dans le couloir, vous lisez ce qu'il a écrit : *« Impossible de parler ici. Retrouvez-moi au restaurant* le Bon Chocolat *à 19 h 30, ce soir. » Lorsqu'un Détective ne peut pas parler d'affaires criminelles dans son propre bureau, c'est que quelque chose ne va pas. Allez-vous retrouver M. Samuel au restaurant le Bon Chocolat* (rendez-vous au **11**) ou préférez-vous mener votre propre enquête en écoutant, par exemple, ce qui se raconte dans les bars et les cafés (rendez-vous au **299**) ?

298

Vous vous avancez vers un Douanier, long et dégingandé, qui se tient derrière le comptoir de réception des marchandises.

— Psst ! psst ! faites-vous pour attirer son attention. Il me faut des informations.
Vous brandissez une liasse de crédits devant ses yeux. Il regarde soupçonneusement autour de lui pour voir si personne ne l'observe.
— Combien ? chuchote-t-il en désignant votre liasse.
Allez-vous lui proposer 2 000 crédits (rendez-vous au **259**) ou 3 000 (rendez-vous au **220**) ?

299

Vous ne tardez pas à découvrir une espèce de taverne grâce à une enseigne publicitaire fluorescente et de mauvais goût. Des cryptosignes animés dessinent un cuirassé en train de plonger dans un verre plein de bulles qui pétillent au-dessus d'un liquide indéfinissable. L'animation sonore est, elle aussi, épatante : vrombissements de moteurs à réaction, sifflements de laser, c'est tout à fait charmant. Vous poussez la porte et vous pénétrez dans un endroit minable, repaire d'épaves humaines imbibées d'alcool. L'inévitable bagarre se déroule dans un coin tandis que l'imbécile de service débite ses blagues ineptes. Le bruit est assourdissant. Au-dessus du bar, un panneau indique que les étrangers ne sont pas admis. Sympathique ! Allez-vous proposer un pourboire à l'une des serveuses pour qu'elle vous indique la personne la plus susceptible de livrer des informations « bénévoles » sur le monde de la pègre (rendez-vous au **30**) ou préférez-vous vous mêler à la foule et faire confiance à votre flair (rendez-vous au **362**) ?

300

Les deux véhicules franchissent le sommet de la colline, le vôtre « décolle » même pendant un bref instant. Devant, la route vire à angle droit. Aucun de vous n'a la plus petite chance de ralentir suffisamment pour négocier le virage. Le véhicule noir freine à fond et vous le percutez violemment par l'arrière. Le choc a été si rude que tout l'avant de votre véhicule est enfoncé. Attelés l'un à l'autre, vos deux véhicules continuent leur course démente, sortant de la route à une vitesse vertigineuse pour finalement s'écraser chacun contre un arbre. Jetez trois dés et retirez le chiffre obtenu de votre total d'ENDURANCE. Si vous avez survécu à cette catastrophe, rendez-vous au **359**.

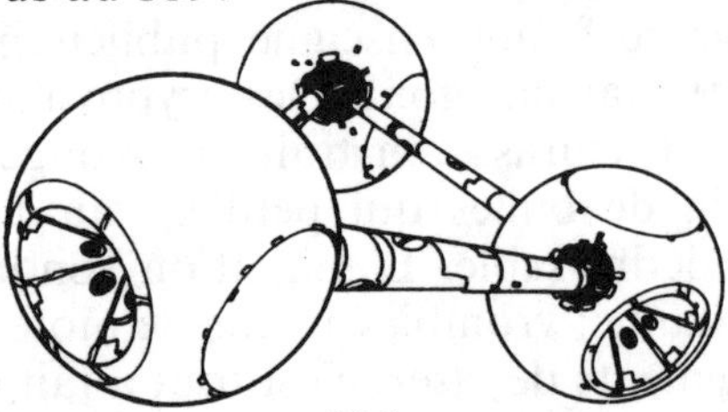

301

Vous vous engagez sur une étroite passerelle qui mène à la porte. Celle-ci s'ouvre avant que vous l'ayez touchée sur un énorme monstre, à l'apparence canine, fermement planté sur ses quatre pattes. Il est couvert d'une sorte de fourrure hérissée de piquants. L'un de ses yeux est une microcaméra et ses dents sont des lames d'acier tranchantes comme des rasoirs. Un sourd grondement s'échappe de sa gorge. Allez-vous tenter de l'apprivoiser (rendez-vous au **223**) ou pensez-vous qu'il est réellement *très* dangereux, et qu'il n'y a rien d'autre à faire que de l'abattre (rendez-vous au **262**) ?

302

A l'instant où vous plongez, la structure tourne légèrement sur elle-même. Un grand éclair électrique

301 *Un énorme monstre, couvert d'une sorte de fourrure hérissée de piquants, pousse un sourd grondement.*

bleuté en jaillit, qui vous effleure et brûle votre combinaison pressurisée. Vous perdez 2 points d'ENDURANCE. Cependant, vous avez réussi à la contourner, et, sans perdre un instant, vous vous dirigez vers une issue située à l'opposé de celle par laquelle vous êtes arrivé. Rendez-vous au **185**.

303

Une violente décharge d'électrons jaillit du bouton et s'engouffre dans le canon de votre arme. La porte reste close. Vous perdez 1 point d'ENDURANCE. Revenez au **186**.

304

— Cela ne vous dérange pas si je fais une partie avec vous ? demandez-vous en rapprochant une chaise de la table de joueurs.

— Si, beaucoup. Décampez ! répond la femme.

Après quelques plaisanterie, de votre cru, elle finit cependant par se radoucir et vous laisse prendre place. Vous apprenez alors qu'elle s'appelle Zera Gross et qu'elle gère une importante société d'Import-Export.

— Plus d'exportation que d'importation, je parie, le marché des *stupéfiants* étant ce qu'il est de nos jours ! lancez-vous en riant à gorge déployée tout en observant sa réaction à ce mot.

Un silence de mort et des mines glaciales accueillent votre boutade. Touché !

— Bon, les gars, dit la femme, il est temps d'apprendre à ce ver de terre la politesse.
Les cinq ou six hommes avec qui vous étiez en train de jouer aux cartes se lèvent et bondissent sur vous. Ils vous rossent d'importance et vous perdez *définitivement* 2 points d'ENDURANCE. Lorsque vous reprenez connaissance, c'est le petit jour et le bar est désert. Le lendemain, après une journée de soins et de repos, vous mettez le cap sur le Centre de Documentation Planétaire afin de réunir quelques informations sur cette Zera Gross en consultant les comptes-rendus d'affaires judiciaires. Rendez-vous au **80**.

305

Vous attrapez le chevron et vous en donnez un coup violent sur la tête du premier tueur qui perd l'équilibre et passe par-dessus la rembarde de la structure métallique aérienne pour s'écraser au sol, six ou sept mètres plus bas, avec un bruit mou. Le second tueur arme son Pistolet Laser, mais vous avez déjà eu le temps de bondir sur lui. Une prise rapide lui fait lâcher son arme et quelques coups bien placés le mettent hors d'état de riposter. « Hé, vous là ! » appelle quelqu'un, au bas de la structure métallique. Un homme, tapi derrière un pylône, vous fait signe de le rejoindre. Peut-être est-ce un homme de main de B. B. Blaster. Allez-vous le suivre (rendez-vous au **227**) ou, au contraire, prendre la fuite (rendez-vous au **266**) ?

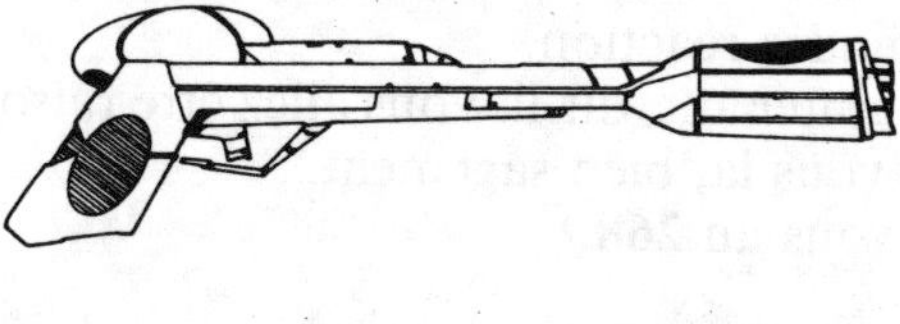

306

Les hangars sont déserts, mais dans le dernier vous trouvez cependant le pilote d'une navette spatio-orbitale qui procède aux réglages et aux vérifications des différents instruments d'un vaisseau. Il vous ignore totalement, absorbé par son travail, et il va, d'un appareil à l'autre, poussant des manettes, relevant des compteurs et réglant divers appareils. Vous décidez de lui poser quelques questions. Allez-vous lui proposer de l'argent (rendez-vous au **267**) ou non (rendez-vous au **228**) ?

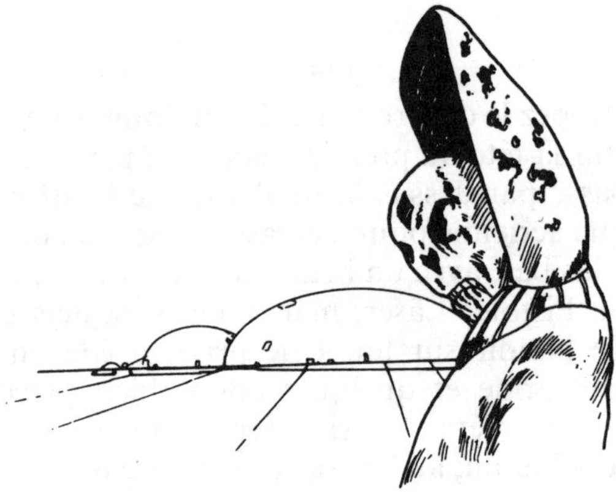

307

A l'instant où vous sortez votre Pistolet Laser, le Grand Inquisiteur prononce quelques mots inintelligibles et fait rapidement le geste de poser un doigt sur ses lèvres. Aussitôt, vous êtes paralysé, incapable de la moindre réaction.

— Et maintenant, dit-il, vous allez être raisonnable. Asseyez-vous là, bien sagement.

Rendez-vous au **268**.

308

Allez-vous vous dissimuler dans le bâtiment réservé aux passagers, non loin du guichet des arrivées (rendez-vous au **269**) ou dans le dépôt affecté à la réception des marchandises (rendez-vous au **211**) ?

309

Votre Prototype Sport franchit le dos d'âne comme un boulet. Il décolle littéralement et semble rester, l'espace d'un instant, comme suspendu au-dessus de la chaussée. C'est alors que vous constatez avec effroi que la route fait un virage en épingle à cheveux vers la droite ! Vous écrasez le frein en reprenant contact avec le sol et vous tentez de négocier ce virage tant bien que mal. *Tentez votre Chance*. Si vous êtes Chanceux, rendez-vous au **251**. Sinon, rendez-vous au **270**.

310

Le moteur pousse un rugissement tandis que vous appuyez à fond sur l'accélérateur pour entraîner les turbines et gagner les quelques mètres nécessaires. Vous manœuvrez cependant en douceur et vous venez vous placer à la hauteur du véhicule ennemi. Allez-vous tenter de tirer sur ses occupants (rendez-vous au **291**) ou essayer de les faire basculer dans le vide, profitant de ce que la route longe, maintenant, un ravin (rendez-vous au **252**) ?

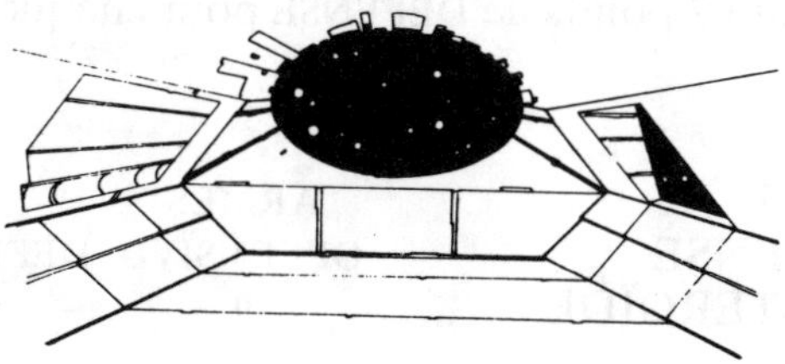

311

Vous vous engagez sur une étroite passerelle. Elle mène à une porte qui s'ouvre automatiquement devant vous. Un long couloir lui fait suite, dans lequel flotte une soucoupe volante de un mètre de diamètre environ. Un œil rouge, situé sur sa circonférence, clignote en vous observant, entourée par les gueules menaçantes de désintégrateurs. « Le mot de passe ? » chuchote le robot. Vite, il vous faut prendre une décision.
Allez-vous lui répondre :

Mardi ? — Rendez-vous au **155**

Satophil D ? — Rendez-vous au **194**

Clavicule ? — Rendez-vous au **272**

Babbet ? — Rendez-vous au **233**

312

L'Astéroïde est une véritable forteresse, équipée d'une batterie de désintégrateurs d'une énorme puissance. Votre passage dans le champ de force miné a donné l'alerte et, instantanément, le dispositif de riposte a été activé. Maintenant tous les moyens de défense de l'Astéroïde sont mobilisés pour vous détruire. Il va vous falloir vous mesurer à ce système de haute précision technologique avant de tenter le moindre atterrissage. S'il vous reste des Missiles à Tête Chercheuse, vous pouvez les lancer. L'Astéroïde perdra 2 points de DÉFENSE pour chaque Missile tiré.

	ARMES	
SYSTÈME DE DÉFENSE DE L'ASTÉROÏDE	OFFENSIVE	DEFENSE
	9	6

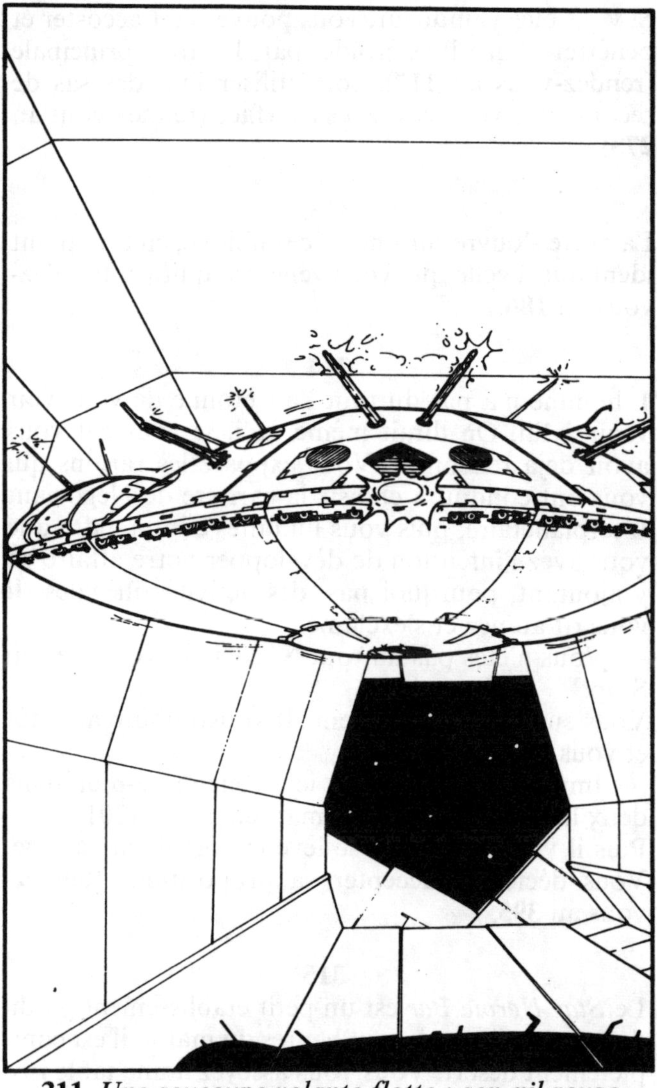

311 *Une soucoupe volante flotte ; son œil rouge clignote en vous observant, ses désintégrateurs vous menacent.*

Si vous êtes vainqueur, vous pouvez soit accoster et pénétrer dans l'Astéroïde par l'entrée principale (rendez-vous au **117**), soit utiliser l'un des sas de secours que vous voyez à sa surface (rendez-vous au **273**).

313

La porte s'ouvre sur une pièce cubique, en tout point identique à celle que vous venez de quitter. Rendez-vous au **186**.

314

L'homme n'a pas du tout l'air étonné de vous voir venir à lui. On dirait même qu'il se souvient vous avoir déjà rencontré. Vous exposez les raisons qui vous ont conduit à choisir la carrière de Négociant Interplanétaire, puis vous lui faites comprendre que vous avez l'intention de développer votre affaire en y ajoutant, pourquoi pas, des activités illégales. Il vous rit au nez et s'exclame :
— Vous n'êtes pas du tout Négociant, vous êtes un Stup.
Vous sursautez légèrement. Il vous rassure aussitôt et vous glisse à l'oreille :
— Impossible de parler ici. Retrouvez-moi dans deux heures à l'hôtel Mirimar, chambre 1201.
Puis il vide son verre, se lève et sort de la cantine. Vous décidez d'accepter sa proposition. Rendez-vous au **395**.

315

Le *Star Heroïc Bar* est un petit établissement perdu dans la banlieue. A neuf heures du matin, il est complètement désert. Vous vous asseyez à une table isolée et vous commandez un petit déjeuner en attendant Clive Torus. Deux heures plus tard, les seules personnes à être entrées dans le café sont deux vieilles dames, qui ont partagé une tranche de pain beurré, et un couple avec un enfant. Aucune d'elles ne peut décemment être prise pour Clive, qui ne s'est toujours pas manifesté. Il a certainement dû lui arriver quelque chose ! Vous décidez de partir à sa recherche. Allez-vous demander au patron du café s'il l'a vu ou si seulement son nom lui dit quelque chose (rendez-vous au **81**) ou préférez-vous essayer de découvrir son adresse par vous-même (rendez-vous au **276**) ?

316

Un gros véhicule noir, dont les vitres sont des glaces réfléchissantes, est garé le long du trottoir. Les deux hommes vous poussent sans ménagement sur le siège arrière, leurs Pistolets Lasers toujours braqués sur vous.

— C'est l'heure d'aller faire une petite promenade, s'esclaffe le conducteur.

On vous emmène hors de la ville, et, au bout de peu de temps, le véhicule s'arrête devant une sorte de manoir de taille imposante. Votre inquiétude grandit en remarquant un nombre important de gardes armés qui patrouillent tout autour de la demeure. Alors que l'on vous fait signe de descendre, vous entrevoyez une possibilité de vous enfuir : il suffirait de plonger dans une haie de troènes, puis de vous laisser rouler jusqu'au bas d'un talus et, là, de courir le plus vite possible. Allez-vous tenter de vous évader ainsi (rendez-vous au **277**) ou pensez-vous qu'il est préférable de laisser les hommes vous emmener dans le manoir (rendez-vous au **170**) ?

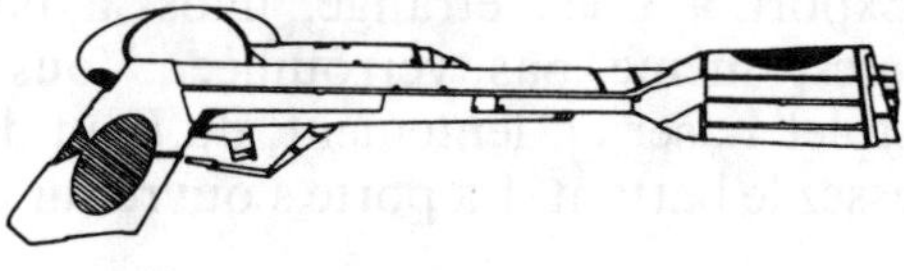

317

Elle déploie ses grandes ailes, se dresse toute droite devant vous et vous toise avec un air d'une effroyable méchanceté.

— Je suis un Parasite Mental, l'un des plus redoutables du Royaume de Kyth, dit-elle d'une voix glaciale.

Rendez-vous au **200**.

318

— Tenez, dites-vous en agitant une liasse de crédits. Allez-donc vous offrir une tasse de café. Vous avez bien droit à une petite pause, non ?

Quelle somme lui proposez-vous ?

1 000 crédits ?	Rendez-vous au **279**
1 500 crédits ?	Rendez-vous au **240**
2 000 crédits ?	Rendez-vous au **201**

319

Votre véhicule dérape mais, grâce à votre habileté, vous parvenez à le maintenir sur la route. Vous sortez des virages à 170 km/h et vous vous apercevez que vous avez considérablement réduit l'écart entre vos adversaires et vous qui ne sont plus qu'à cent mètres devant. Rendez-vous au **154**.

320

Vous louez un Hélijet et vous ne tardez pas à vous poser sur la terrasse du cinquantième étage de la Tour Isocèle. Au quinzième étage, vous trouvez le bureau que vous cherchez : « Z. Gross & Cie Import/Export. » C'est étrange, mais la porte du bureau n'est même pas verrouillée. Vous sortez votre Pistolet Laser et, lentement, du bout du pied, vous poussez le battant. La porte s'ouvre sur un couloir lambrissé qui se poursuit à droite et à gauche. Aucun bruit ne se fait entendre. Allez-vous vous diriger vers la gauche (rendez-vous au **331**) ou vers la droite (rendez-vous au **86**) ?

321

Vous faites feu l'un sur l'autre.

ZERA	HABILETÉ : 8	ENDURANCE : 11

Si vous êtes vainqueur, rendez-vous au **165**.

322

Vous manquez la sphère mais vous parvenez, néanmoins, à vous rattraper à sa poignée inférieure. Malheureusement, vous avez frôlé dans votre chute les tentacules de deux monstres qui, ouvrant grand leur immonde gueule, vous mordent cruellement. Vous perdez 4 points d'ENDURANCE. Rendez-vous au **244**.

323

Vous lui tendez 500 crédits. La serveuse vous prend à part et vous montre deux personnes assises chacune à une table : la première est un homme pâle à l'air fatigué et malheureux ; la seconde est une grosse femme entre deux âges qui joue aux cartes avec six ou sept hommes. Choisissez-vous d'aller d'abord parler à l'homme (rendez-vous au **314**) ou à la femme (rendez-vous au **343**) ?

324

Les annuaires statistiques de l'Industrie sont longs et ennuyeux et, ce qui est pire, totalement dépourvus d'informations qui pourraient vous être utiles. Après plusieurs heures de vaines compilations, vous décidez de vous intéresser à autre chose. Si vous ne l'avez pas déjà fait, vous pouvez consulter les statistiques de l'Agriculture (rendez-vous au **363**) ou celles des Transports (rendez-vous au **285**). Mais, si vous en avez vraiment assez des statistiques, vous pouvez toujours interroger l'ordinateur pour consulter les journaux de ces dernières années et y chercher la trace d'affaires criminelles impliquant des bandes organisées. Rendez-vous au **41**.

325

Dissimulé par l'angle de la rue, vous pouvez voir le tueur monter dans un long véhicule noir qui démarre aussitôt. Vous hélez un Turbolift et vous suivez la Berline jusqu'à un bar, le *Cyclotron*. Arrivé là, le tueur en descend avec le conducteur, et ils pénètrent dans le bar. Vous décidez de les suivre. Rendez-vous au **286**.

326

— ... Oui, la femme de Clive a organisé un rendez-vous avec ce Détective de la Brigade Fédérale pour demain matin...
— Quoi ? Avec les documents ?
— Oui, à côté d'une serre du *Botanicum Planetarium*.
— Le Détective n'est pas encore au courant ?
— Non, les gars vont l'amener ici pour la confrontation. J'ai téléphoné à Mme Torus, en me faisant passer pour lui, pour la convoquer...
Une porte s'ouvre dans la pièce à côté et une voix affolée crie :
— Le Détective s'est échappé !
— Quoi ? s'exclament-ils et aussitôt ils sortent en courant.
Allez-vous rejoindre Mme Torus, le lendemain, au

Botanicum Planetarium (rendez-vous au **44**) ou jugez-vous préférable de quitter tout simplement le manoir et de vous mettre en quête d'une autre piste (rendez-vous au **231**) ?

327

Votre inspection rapide vous permet de découvrir deux éléments très suspects : le premier, un homme caché dans un arbre et armé d'un Pistolet Laser du dernier modèle ; le second, un puissant véhicule noir, aux vitres teintées, garé derrière l'une des serres. Si vous ne pouvez pas faire grand-chose contre le véhicule, en revanche, vous pouvez débusquer le tireur (rendez-vous au **288**), à moins que, l'estimant inoffensif, vous préfériez aller trouver Mme Torus (rendez-vous au **376**).

328

Vous accélérez en direction de Fin-de-Terre et vous atteignez la vitesse de niveau 3. Lorsque vous serez arrivé à proximité de la petite lune, allez-vous vous mettre sur orbite pour la survoler (rendez-vous au **289**) ou préférez-vous vous poser sur l'unique base pour vous livrer à une inspection sur le terrain (rendez-vous au **250**) ?

329

Vous sortez de la forêt. La route est maintenant dégagée et dessine un long virage à droite. Vous apercevez le véhicule, à environ cent mètres devant vous. Vous avez la possibilité de réduire l'écart en coupant ce virage, à la condition de garder un œil vigilant sur les véhicules susceptibles d'arriver en sens inverse. Allez-vous prendre ce risque (rendez-vous au **37**) ? Sinon, rendez-vous au **290**.

330

Vous louez un Hélijet à long rayon d'action et vous vous envolez en direction de la petite île que vous atteignez rapidement. Vous constatez qu'elle est recouverte d'une épaisse végétation mais, en la survolant, vous découvrez une grande clairière qui a été aménagée en aire de lancement de navettes spatiales, flanquée de deux plates-formes d'atterrissage pour Hélijet. Un transporteur antigravitationnel se trouve également non loin de la piste. L'une des plates-formes est déjà occupée par un appareil. Vous posez le vôtre sur l'autre et vous mettez pied à terre. Maintenant que vous êtes au niveau du sol, vous remarquez trois tunnels qui semblent s'enfoncer profondément sous terre. Deux d'entre eux sont fermés par une petite porte, alors que le troisième l'est par un large vantail. Allez-vous vous diriger vers l'une ou l'autre des portes (rendez-vous au **311** ou au **301**) ou vers le vantail (rendez-vous au **67**) ? Mais vous pouvez également jeter un coup d'œil sur le transporteur antigravitationnel (rendez-vous au **281**).

331

Le couloir débouche sur un vaste espace, de conception ultramoderne, et dépourvu de cloison. L'installation comporte une quinzaine de bureaux, des terminaux d'ordinateur, et même quelques dossiers. L'ensemble donne une impression de départ préci-

330 *Sur l'île a été aménagée une aire de lancement de navette spatiale, flanquée de deux plates-formes d'atterrissage pour Hélijet.*

pité : des documents jonchent le sol, des bandes magnétiques traînent un peu partout, et l'un des bureaux est renversé dans un coin. Peut-être s'attendait-on à voir arriver toute la Brigade Fédérale ? Pensez-vous qu'il est utile de consulter certains des dossiers afin de voir si vous pouvez glaner une information au milieu de ce désordre (rendez-vous au **242**) ou préférez-vous poursuivre vos recherches (rendez-vous au **203**) ?

332

Le tunnel mène à une pièce remplie jusqu'au plafond de conteneurs en plastique Sécurit. Vous inspectez leur contenu et vous découvrez qu'ils renferment des corps chimiques : des substances naturelles et des produits de synthèse — en fait, toutes les matières premières nécessaires à la production du Satophil D. Vous revenez sur vos pas jusqu'au carrefour et, si vous ne l'avez pas déjà fait, vous pouvez poursuivre tout droit (rendez-vous au **146**), ou prendre le tunnel de droite (rendez-vous au **293**).

333

Vous vous posez sur la Base Spatio-Orbitale de Kelter, qui se trouve sur la partie continentale de la planète, et n'est distante que d'une dizaine de kilomètres de la Capitale. Votre vaisseau est remorqué jusqu'à une aire de stationnement et, à votre grand étonnement, plusieurs Douaniers montent à bord pour procéder à une inspection.

— Trafic de stupéfiants ? demandez-vous.

— Non, matériel technologique de haute précision, répliquent-ils en vous regardant d'un air suffisant. Puis l'un des deux montre du doigt votre Détecteur de Brouilleur d'Ondes.

— Comme cela, par exemple ! Désolé, mais cet

appareil est interdit à l'importation. Nous allons devoir vous le confisquer.
Puis ils quittent votre appareil en vous souhaitant un bon séjour sur Kelter. Vous allez devoir rayer le Détecteur de Brouilleur d'Ondes figurant sur votre *Feuille d'Aventure*. Plutôt brutale comme réception mais, bizarrement, ils n'ont même pas demandé à inspecter votre cargaison... Vous pouvez poser quelques questions ici et là sur la base (rendez-vous au **394**) ou bien demander la collaboration des autorités locales (rendez-vous au **255**). Mais si vous souhaitez passer inaperçu et agir discrètement, vous pouvez aussi vous livrer à une enquête, par exemple dans l'un des bars de la base. Rendez-vous alors au **299**.

334

Vos recherches vous permettent de découvrir qu'un nombre encore plus important de dossiers concernant l'Industrie Spatio-Orbitale manquent : aucune trace des vols interstellaires. Vous quittez le Fichier Central de Renseignements Informatisés. Allez-vous essayer de rencontrer le Commandant en Chef de la Base Spatio-Orbitale pour l'interroger sur les disquettes manquantes (rendez-vous au **89**) ou préférez-vous trouver quelqu'un connaissant bien le trafic spatial, afin de vous donner des informations sur les vols clandestins (rendez-vous au **384**) ?

335

L'homme jure qu'il a dit la vérité. Cependant cela ne vous mène pas très loin : la meilleure chose qui vous reste à faire, semble-t-il, est de trouver quelqu'un connaissant bien le trafic spatial, afin de témoigner de l'existence de ces vols illégaux. Rendez-vous au **384**.

336

Vous avancez prudemment dans le couloir qui devient de plus en plus sombre et de plus en plus étroit, lorsque soudain vous débouchez dans un corridor baigné d'une lueur jaunâtre. Alors que vous vous demandez, dans le plus grand embarras, quelle peut être la meilleure direction à prendre, vous entendez une espèce de bourdonnement aux inflexions modulées. Allez-vous vous engager dans la direction d'où semble provenir ce bruit (rendez-vous au **397**) ou préférez-vous partir dans la direction opposée (rendez-vous au **385**) ?

337

C'est le moment de choisir l'attitude que vous allez adopter vis-à-vis des Douaniers. Vous pouvez aller trouver un officier et l'obliger sous la menace à répondre à un interrogatoire en règle (rendez-vous au **142**) ou tenter d'acheter un employé en lui proposant 2 000 crédits (rendez-vous au **298**). Vous pouvez également vous cacher dans les bâtiments du Poste de Douane pour essayer de les prendre en flagrant délit (rendez-vous au **308**).

338

Vous faites reculer votre vaisseau, vous visez le satellite et vous ouvrez le feu avec vos désintégrateurs. Vous avez détruit la seule pièce à conviction qu'il vous restait et vous retournez sur Kelter. Rendez-vous au **16**.

339

Au moment où le véhicule noir aborde la colline, vous apercevez une route sur la droite : il doit y avoir un virage juste après la crête ! Vous freinez brutalement et vous vous rangez sur le bord de la route au sommet de la colline. Devant vous, la route fait un virage serré. Le véhicule noir n'a pas pu ralentir à temps pour le négocier : il est sorti de la route et s'est écrasé contre un arbre. Rendez-vous au **359**.

340

Le couloir se termine sur une porte automatique qui s'ouvre à votre approche et se referme en claquant derrière vous. Et vous vous retrouvez dans un nouveau couloir ! D'un côté, il aboutit à une porte et, de l'autre, il se poursuit et disparaît derrière un coude. Souhaitez-vous vous diriger vers la porte (rendez-vous au **67**) ou préférez-vous prendre l'autre direction (rendez-vous au **253**) ?

341

Vous plongez sous l'étrange structure et vous vous dirigez vers une issue située à l'opposé de celle par laquelle vous êtes arrivé. Rendez-vous au **185**.

342

L'éclair d'un Laser fuse et un rayon X transperce votre Combinaison pressurisée et brûle profondément votre bras. La porte reste close. Vous perdez 1 point d'ENDURANCE. Revenez au **186**.

343

Cette femme est vraiment horrible à voir : elle est énorme, elle empeste l'alcool, ses dents sont noirâtres et ébréchées, et son visage est semé d'ignobles verrues. Cependant l'autorité dont elle use avec les hommes avec lesquels elle joue aux cartes montre qu'elle a un certain pouvoir. Lequel ? C'est le point qu'il vous faut éclaircir. Allez-vous vous joindre aux joueurs (rendez-vous au **304**) ou pensez-vous qu'il soit préférable d'attendre que la partie soit terminée pour suivre la femme (rendez-vous au **265**) ?

344

Vous attrapez le chevron et vous visez la tête du premier tueur. Mais vous ratez votre coup, et les hommes vous maîtrisent et vous traînent le long de la passerelle métallique. Rendez-vous au **61**.

345

La Base Spatio-Orbitale se divise grossièrement en deux parties : d'une part, d'énormes hangars prévus pour accueillir les vaisseaux spatiaux — dont un seul semble être en service actuellement ; d'autre part, le quartier administratif et les bâtiments de la tour de contrôle. De quel côté allez-vous commencer vos recherches : vers les hangars (rendez-vous au **306**) ou dans les services administratifs (rendez-vous au **150**) ?

346

Vous longez le couloir pendant quelques minutes et vous arrivez devant une porte dont le système d'ouverture est réglé par un œil électronique surmonté d'une étrange inscription : « Grand Inquisiteur. » La porte s'ouvre à votre approche et vous pénétrez dans une petite chambre décorée dans un style pour le moins archaïque. Il y a, sans aucun doute possible, un générateur qui assure une pesanteur normale et, assis dans un fauteuil à haut dossier et sanglé dans une volumineuse robe noire, se trouve un homme âgé qui vous dévisage intensément.

— Entrez, venez vous asseoir un moment, dit-il.

Et il avance un petit tabouret. Acceptez-vous son invitation (rendez-vous au **268**) ou, craignant

346 *Un homme âgé assis dans un fauteuil vous dévisage intensément.*

qu'il ne soit un personnage hostile et dangereux, préférez-vous dégainer votre Pistolet Laser (rendez-vous au **307**) ?

347

— Attendez, attendez ! s'écrie-t-il en rouvrant les yeux. Je me rappelle : les Trafiquants de Stupéfiants ont leur quartier général en ville... J'y suis presque... (Il se triture un sourcil avec ses doigts, comme s'il faisait un gros effort pour se souvenir.) Ça y est ! c'est dans la Tour Isocèle, au dernier étage.
— Merci, dites-vous, tout en le ligotant avec le fil du vidéophone.
Vous partez aussitôt pour le centre-ville, en direction de la Tour Isocèle. Rendez-vous au **320**.

348

Le véhicule noir accélère sur la portion de ligne droite et disparaît derrière un dos d'âne. Il est à environ 300 mètres devant vous, mais vous ne pouvez pas prévoir comment est la route derrière cette bosse. Si vous pensez qu'elle continue en ligne droite, vous pouvez aborder le dos d'âne sans ralentir (rendez-vous au **309**). Mais si vous avez peur de découvrir un virage, mieux vaudrait commencer à freiner (rendez-vous au **163**) ?

349

Une secousse violente ébranle votre véhicule qui se met à zigzaguer. Le véhicule noir s'éloigne rapidement tandis que vous vous cramponnez pour rester sur la route. Rendez-vous au **290**.

350

L'homme ne porte aucun signe permettant de l'identifier, aucune marque de coups non plus, rien qui puisse vous renseigner sur les raisons qui lui ont valu cette horrible fin. La seule chose que vous puissiez affirmer est qu'il est mort d'hémorragie. Cependant, vous trouvez dans sa main droite quatre pilules de Stimuline. Vous pouvez les prendre, si vous le désirez. N'oubliez pas, dans ce cas, de les inscrire sur votre *Feuille d'Aventure*. Vous pouvez maintenant quitter cette pièce. Rendez-vous au **389**.

351

Vous n'avez pas bien évalué la distance entre votre vaisseau et l'une des mines dont le système de détection des masses rapprochées est alerté et déclenche instantanément un signal électronique d'urgence qui fait immédiatement imploser une charge d'antimatière. La déflagration est terrible, et ses ondes endommagent gravement votre vaisseau. Vous perdez 2 points de DÉFENSE. Si votre vaisseau n'a pas été entièrement détruit, vous parvenez néanmoins à franchir la zone minée. Rendez-vous au **312**.

352

Le couloir mène à une toute petite pièce cubique dont toutes les surfaces brillent d'une lueur rouge, au centre de laquelle vous distinguez un petit bouton noir. Rendez-vous au **225**.

353

Vous vous approchez du dôme qui est, en fait, une tente à oxygène. Tout autour sont garés des véhicules conçus pour des déplacements au sol en zone de faible pesanteur, ainsi qu'un monoréacteur. Il semble bien que vous n'allez pas manquer d'air, car l'équipement indispensable à votre survie doit se trouver là. Vous frappez à la porte d'un sas. Au bout d'un instant un signe lumineux clignote : « Entrez », ce que vous faites sans tarder. Le propriétaire du lieu est un vieillard ratatiné, un ancien prospecteur, qui vous regarde d'un air ahuri alors que vous lui faites part de votre mésaventure.

— Quoi ? vous avez été attaqué ? Et votre vaisseau a été détruit par des Trafiquants de Stupéfiants ? Attaqué, détruit, je veux bien, mais quant à imaginer cette histoire de trafiquants... Voilà trente ans que je vis sur ce caillou et c'est bien la première fois que j'en entends parler !

Il vous offre de quoi manger, remplace votre mélange d'oxygène dans les bouteilles et, le lendemain, vous prend sur son monoréacteur pour vous conduire jusqu'à la ville. Rendez-vous au **275**.

354

A la suite de Clive, vous pénétrez dans les profondeurs de l'entrepôt principal. Vous distinguez, malgré la pénombre, quantité de caisses empilées et un grand véhicule noir. Tandis que vous avancez avec circonspection, une demi-douzaine d'hommes surgit de derrière l'empilement des caisses.

— Mains en l'air ! s'écrie l'un deux.

Allez-vous obéir (rendez-vous au **100**) ou tenter de vous échapper (rendez-vous au **139**) ?

355

Avant tout, retranchez 500 crédits de la somme que vous possédez. Après avoir soigneusement compté l'argent que vous lui avez remis, le vieux mineur vous informe qu'un grand Astéroïde, immatriculé C-230, est le foyer d'une intense activité ignorée des autorités. Vous êtes en train de noter cette information, lorsque vous remarquez un petit insecte posé sur la table devant vous. Un insecte ? plus exactement un robot-espion, minutieusement

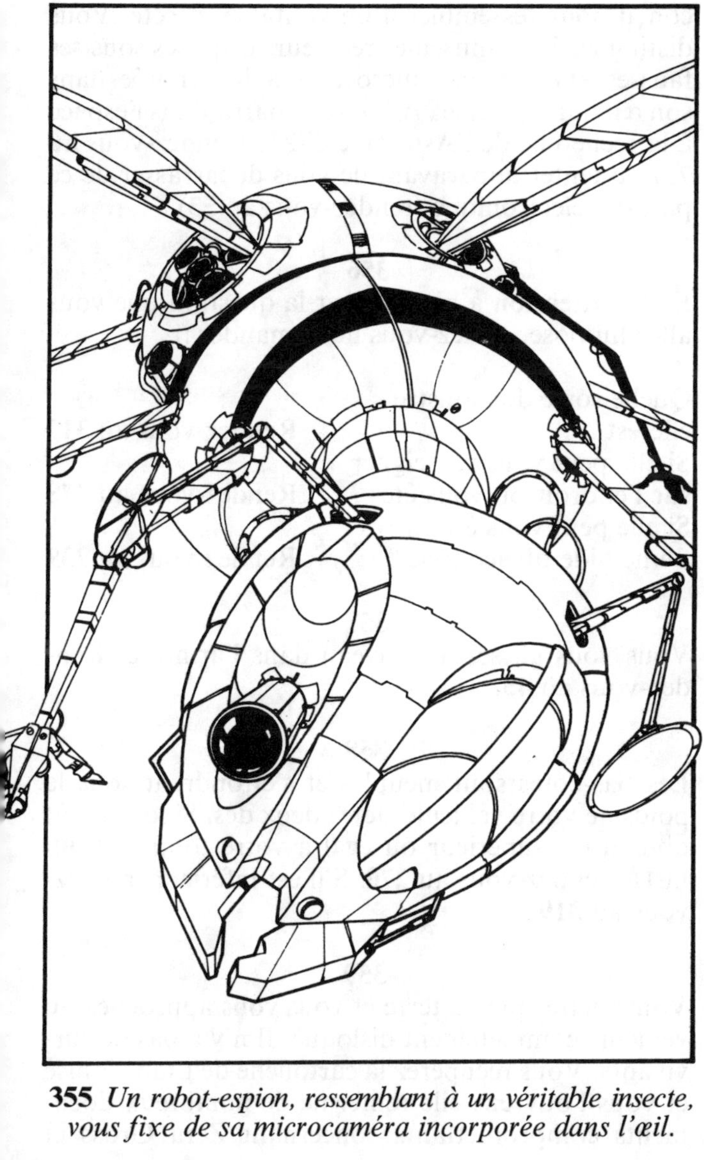

355 *Un robot-espion, ressemblant à un véritable insecte, vous fixe de sa microcaméra incorporée dans l'œil.*

conçu pour ressembler à un véritable insecte. Vous distinguez les minuscules réacteurs disposés sous ses fausses ailes et une microcaméra incorporée dans son œil qui vous fixe . Allez-vous partir dans l'espace à la recherche de l'Astéroïde C-230 (rendez-vous au **73**) ou tenter auparavant de vous débarrasser de ce parasite électronique (rendez-vous au **53**) ?

356

Faites attention à bien choisir la question que vous allez lui poser. Allez-vous lui demander :

Quelle sorte de monstre elle est ?	Rendez-vous au **317**
Si elle peut vous renseigner sur l'endroit où vous êtes ?	Rendez-vous au **278**
Si elle peut vous être d'une aide quelconque ?	Rendez-vous au **239**

357

Vous vous glissez à nouveau dans l'armoire. Rendez-vous au **45**.

358

Les bas-côtés sont meubles et s'effondrent sous le poids de votre véhicule. Jetez deux dés. Si le résultat obtenu est supérieur ou égal à votre total d'HABILETÉ, rendez-vous au **270**. S'il est inférieur, rendez-vous au **319**.

359

Vous mettez pied à terre et vous vous approchez du véhicule complètement disloqué. Il n'y a pas de survivants. Vous récupérez la cartouche de titane ionisé et vous l'ouvrez : elle renferme de nombreux documents compromettants concernant Zera Gross et

Bombe Babbet. Il y a des factures correspondant aux achats des matières premières nécessaires à la production du Satophil D, une liste des sommes versées pour corrompre de hauts fonctionnaires et, inestimable précision, la localisation exacte de l'endroit où est réceptionnée la « marchandise » sur Kelter. Il s'agit d'une petite île, située à environ 4 000 kilomètres des côtes continentales, où la drogue est acheminée directement par navette spatiale. Elle est entreposée là en attendant d'être expédiée sur la Base Spatio-Orbitale de Kelter, d'où elle est acheminée hors du Système d'Aleph-Cygni. La cartouche contient également une carte qui donne les coordonnées exactes de l'île. Rendez-vous au **330**.

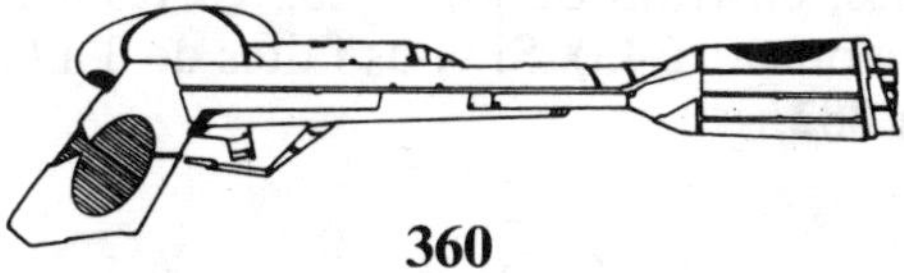

360

Le couloir conduit à une porte où est accrochée une petite plaque de cuivre sur laquelle est gravé : Zera Gross. La porte s'ouvre automatiquement et là, assise derrière un énorme bureau, dictant du courrier à une imprimante à reconnaissance vocale, se tient l'horrible femme.

— Oui ? dit-elle sans tourner la tête, pensant certainement que vous êtes l'un de ses subordonnés. Que voulez-vous ?

— Oui, répète l'imprimante à reconnaissance vocale, que voulez...

— Silence, stupide machine ! hurle la femme. Je suis en train de parler à...

Elle lève les yeux... et *vous* reconnaît. Elle plonge la main dans un tiroir pour y prendre une arme. Allez-vous la combattre au Pistolet Laser (rendez-vous au **321**) ou à mains nues (rendez-vous au **282**) ?

361

Vous êtes parvenu à atteindre la seconde sphère. Prenez maintenant votre élan pour sauter sur la suivante. Jetez deux dés. Si le chiffre obtenu est supérieur ou égal à votre total d'HABILETÉ, rendez-vous au **322**. S'il est inférieur, rendez-vous au **244**.

362

Vous vous mêlez aux consommateurs que vous examinez soigneusement afin de trouver la personne qui pourrait vous renseigner. Lancez un dé : si vous obtenez le chiffre 1, c'est un homme pâle aux traits tirés et à l'air abattu (rendez-vous au **314**). Si c'est le 2 qui sort, la personne est une grosse femme entre deux âges, en train de jouer aux cartes à une table (rendez-vous au **343**). Si vous faites de 3 à 6, rendez-vous au **382**.

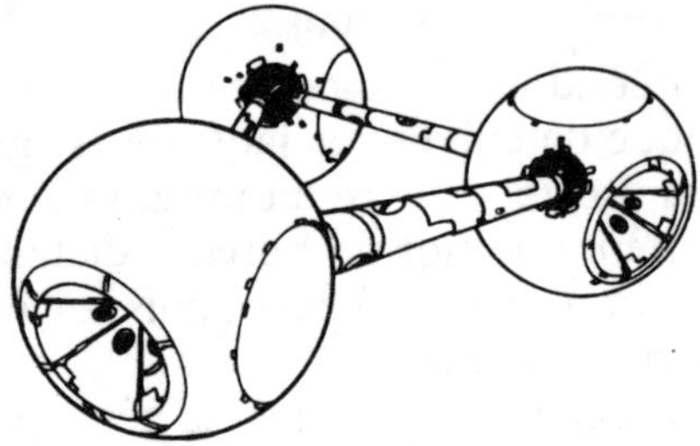

363

L'annuaire statistique de l'Agriculture est d'une lecture très indigeste et tout à fait inintéressante. Après deux heures passées à étudier les précipitations annuelles, la production en tonnes de céréales et les chiffres bruts, en tonnes également, de la viande de mouton, vous décrétez que l'agriculture n'est pas le but principal de vos recherches. Si vous ne l'avez pas déjà fait, vous pouvez consulter les statistiques de l'Industrie (rendez-vous au **324**) ou des Transports (rendez-vous au **285**). Mais, si vous en avez vraiment assez des statistiques, vous pouvez parcourir les journaux des dernières années pour y chercher la trace d'affaires criminelles commises par des bandes organisées. Rendez-vous au **41**.

364

Vous plongez dans une allée latérale et vous courez à toutes jambes. Le tueur fait feu sur vous, mais vous rate.

— Vous ne pouvez pas vous enfuir... même dans l'espace ! s'écrie-t-il juste avant que vous disparaissiez derrière l'angle de la rue.

Qu'a-t-il voulu dire par « l'espace » ? Vous pouvez vous mettre à la recherche d'une personne connaissant bien le trafic spatial afin de vous renseigner sur les vols clandestins (rendez-vous au **384**), mais vous pouvez également revenir sur vos pas pour essayer de retrouver votre agresseur et le filer (rendez-vous au **325**).

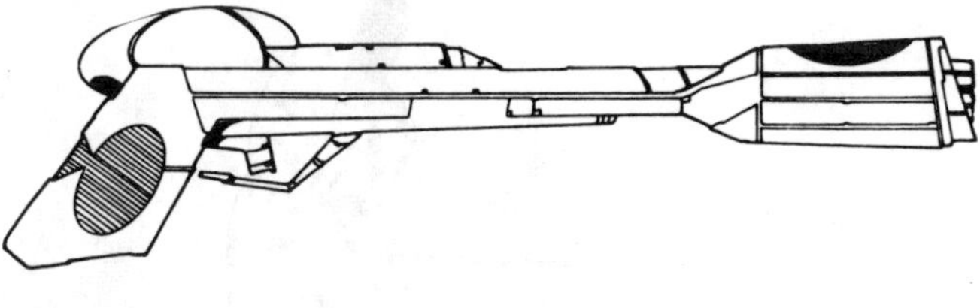

365

Un autre couloir débouche dans cette pièce, dans laquelle vous remarquez également une porte d'où vous parviennent des bruits confus de voix assourdies. Allez-vous essayer de comprendre la conversation (rendez-vous au **326**) ou préférez-vous vous engager dans le couloir (rendez-vous au **287**) ?

366

Vous fouillez les buissons, vous regardez sous un ou deux arbustes, vous inspectez l'une des serres, mais vous ne remarquez rien d'anormal. Vous allez donc trouver Mme Torus. Rendez-vous au **376**.

367

L'anneau d'Astéroïdes est à environ quatre unités astronomiques d'Aleph-Cygny et forme autour de la planète un cercle immense composé de quelque 100 000 masses rocheuses, de fort volume et d'au moins 1 million de météorites. Lorsque vous avez atteint la lisière externe de l'anneau, vous prenez conscience de la complète vanité de vos recherches : il faudrait une équipe entière d'Explorateurs Fédéraux, une dizaine de vaisseaux spatiaux et une bonne vingtaine d'années pour explorer en détail chaque Astéroïde susceptible d'avoir été équipé d'une Base Spatio-Orbitale. Quelque peu découragé, vous retournez sur Kelter. Rendez-vous au **333**

368

Vous reprenez en sens inverse le chemin du plus vite que vous le pouvez et vous débouchez sur la route sur laquelle vous vous engagez à toute allure. Rendez-vous au **56**.

369

Vous n'avez pas été assez rapide : le presse-papiers vous atteint au sommet du crâne et vous assomme. Vous sombrez dans un profond coma dont vous ne vous réveillerez jamais.

370

Votre habileté vous a permis de traverser le champ de force miné sans encombre. L'Astéroïde de production est droit devant vous, exactement sur votre trajectoire. Rendez-vous au **312**.

371

En fait, vous n'avez rien à faire dans cette pièce ! Mieux vaut revenir au carrefour et, si vous ne l'avez pas déjà fait, vous engager dans le tunnel qui vous fait face (rendez-vous au **332**) ou dans celui de droite (rendez-vous au **293**).

372

Vous accélérez en direction de l'anneau d'Astéroïdes et les deux réacteurs jumeaux de votre vaisseau vous propulsent bientôt à une vitesse de niveau 3. Soudain, un signal sonore retentit et un message apparaît en lettres lumineuses sur l'écran de votre ordinateur de bord : *« Attention ! Attention !*

Deux vaisseaux non identifiés en provenance des Astéroïdes coupent votre trajectoire. » Vous programmez un léger changement de cap pour éviter la collision, mais les vaisseaux ennemis modifient leur course instantanément, ce qui ne vous laisse plus aucun doute sur leurs intentions : ils veulent vous abattre ! D'ailleurs, leurs désintégrateurs sont déjà entrés en action. Vous allez devoir combattre.

	ARMEMENT	DÉFENSE
Premier INTERCEPTEUR	5	3
Deuxième INTERCEPTEUR	5	2

Si vous les détruisez, vous pouvez soit continuer votre vol en direction des Astéroïdes (rendez-vous au **367**), soit changer de destination et obliquer vers Kelter (rendez-vous au **333**).

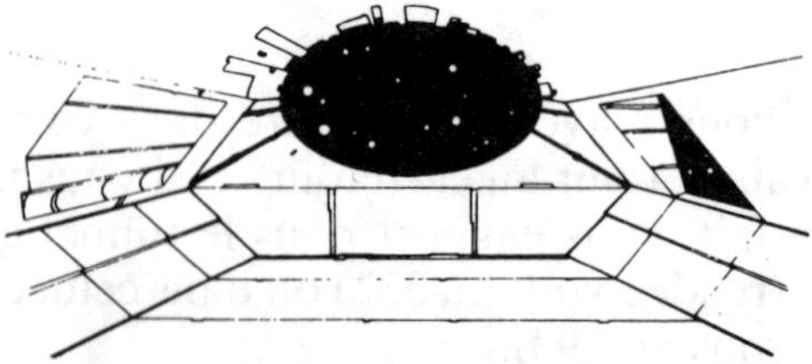

373

— Dans ces conditions... dit-il en prenant l'argent que vous lui tendez, je peux vous donner l'autorisation de vous asseoir quelques minutes devant cette console. (Il vous indique un terminal d'ordinateur posé derrière le bureau de la réception.) Mais dépêchez-vous car mon supérieur peut revenir d'un

moment à l'autre et, en ce cas, je serai obligé de vous dénoncer. (Il sourit.) C'est ma vie ou la vôtre, vous comprenez, n'est-ce pas...
Vous vous installez devant l'ordinateur pour consulter les dossiers confidentiels du Fichier Central de Renseignements Informatisés. Rendez-vous au **393**.

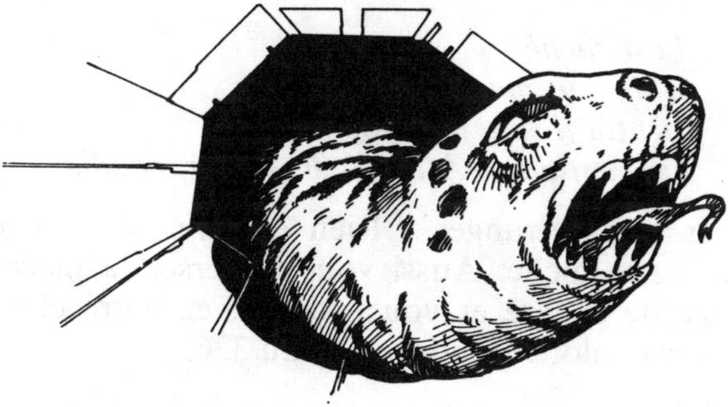

374

Vous le poussez violemment à travers la pièce et vous lui mettez le canon de votre Pistolet Laser contre la tempe.

— Et, maintenant, dites-moi la vérité, ordonnez-vous.

— J'ai tout dit ! j'ai tout dit ! Je le jure ! hurle-t-il. Je peux même vous donner les coordonnées de l'Astéroïde d'où provient toute la marchandise.

— Vite !

— Si vous avez un ordinateur de bord, c'est facile, vous ne pouvez par le manquer, c'est le C-230

Allez-vous vous mettre immédiatement en route vers cet Astéroïde (rendez-vous au **73**) ou préférez-vous tout d'abord essayer de trouver quelqu'un connaissant bien le trafic spatial, susceptible de confirmer cette information (rendez-vous au **384**) ?

375

Dans la niche se trouve une petite plaque sur laquelle est gravé :

PRIÈRE DE THUVALD

Il est caché
Mais tout puissant.
Bientôt il sera de retour !
Aie confiance. Attends. Et sois tranquille.

Quels mots étranges... Rien d'autre ne se trouve dans cette niche. Aussi vous traversez la pièce en forme de sphère et vous poursuivez votre chemin dans le couloir. Rendez-vous au **336**.

376

Vous vous avancez vers Mme Torus et vous l'interpellez. Elle se retourne mais, à ce moment précis, deux coups de feu sont tirés d'un bosquet à votre gauche. L'un d'eux atteint Mme Torus, l'autre vous était destiné. Jetez un dé et soustrayez le chiffre obtenu à votre total d'ENDURANCE. Si vous êtes toujours vivant, vous devez réagir et vite ! Vous roulez tous les deux, Mme Torus et vous, sur le sol. Dans sa chute, elle lâche son sac. Il s'ouvre et la cartouche en titane ionisé contenant les documents en jaillit. Mais avant que vous ayez eu le temps de faire le moindre geste, votre agresseur bondit, ramasse la boîte et saute dans un puissant véhicule qui démarre aussitôt. Pour un rendez-vous, c'est raté ! Vous vous relevez en titubant. Allez-vous essayer de donner la chasse à ce véhicule (rendez-vous au **191**) ou de secourir Mme Torus (rendez-vous au **210**) ?

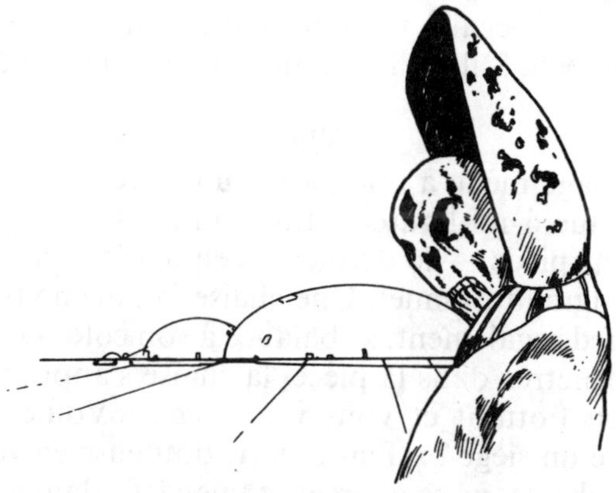

377

Vous manœuvrez habilement votre vaisseau spatial pour contourner le satellite. Il est très vaste et renferme sans aucun doute une plante à radiations nucléaires pour ne pas avoir recours à l'énergie solaire. A l'une de ses extrémités, se trouve une antenne de réception omnidirectionnelle. A l'autre, une antenne d'émission, unidirectionnelle celle-là, est pointée sur la Capitale de Kelter. Allez-vous ouvrir feu sur le satellite (rendez-vous au **338**) ou préférez-vous endosser votre Combinaison pressurisée pour sortir dans l'espace afin de l'examiner de près (rendez-vous au **399**) ?

378

Vous talonnez maintenant vos adversaires à près de 300 km/h ! De temps en temps, vous heurtez même leur pare-chocs arrière et vous leur faites faire de dangereuses embardées. La route monte et disparaît de l'autre côté de la colline. Les deux véhicules l'escaladent, lancés à 200 km/h lorsqu'ils en atteignent le sommet. Jetez deux dés. Si le chiffre obtenu est supérieur ou égal à votre total d'HABILETÉ, rendez-vous au **300**. S'il est inférieur, rendez-vous au **339**.

379

Ce passage mène à une pièce au centre de laquelle, suspendue à mi-hauteur, flotte une table en plastique sans pieds — le dernier cri en matière de mobilier antigravitationnel. Une chaise, du même type et sans pieds également, se balance à son côté. Lorsque vous pénétrez dans la pièce, la chaise s'approche de vous en flottant et vous interroge : « Voulez-vous prendre un siège ? » Plaisanterie douteuse en vérité ! Sur la chaise, vous apercevez une clef à laquelle est attachée une étiquette en carton. Vous la prenez et sur l'étiquette, vous lisez : *« Zera, voilà la clef qui coupe le contact énergétique de la Base 1. Garde-la précieusement. B. B. Bombe. »* Vous la mettez dans votre poche et, comme il n'y a rien d'autre de bien intéressant dans cette pièce, vous revenez sur vos pas et reprenez votre chemin dans le couloir. Rendez-vous au **340**.

377 *Aux deux extrémités du satellite se trouvent une antenne : l'une, de réception l'autre, d'émission.*

380

Jetez deux dés. Si le chiffre obtenu est supérieur ou égal à votre total d'HABILETÉ, rendez-vous au **224**. S'il est inférieur, rendez-vous au **263**.

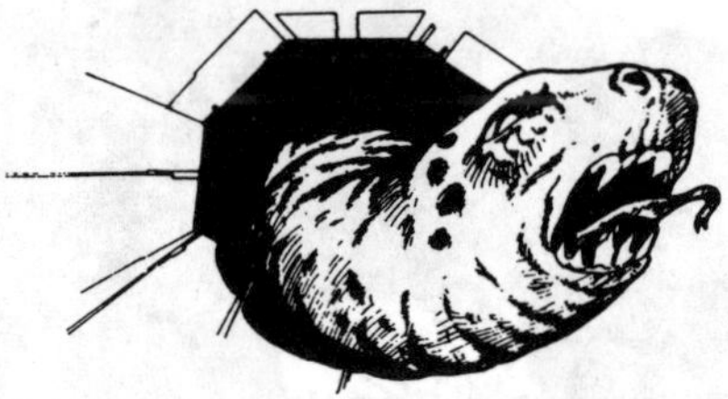

381

La porte s'ouvre sur un somptueux living-room : lumières tamisées, épais tapis et mobilier de luxe ultramoderne. Il y a même à côté de la porte une tenture réfléchissante dernier cri qui représente, en trompe-l'œil, une scène terrestre. Dans le mur, vis-à-vis de la porte d'entrée, sur le seuil de laquelle vous vous tenez, s'ouvre un grand couloir qui mène à une pièce identique et décorée de la même façon. Au milieu de ce couloir, se tiennent deux silhouettes exactement semblables, il doit s'agir de Billy Bombe Babbet. Sous chacun de ses deux bras gauches pointent deux énormes Pistolets Lasers, modèle Vanque, multiperformants et hypersophistiqués.

— Bonsoir, disent-ils tous les deux ensemble. Ta dernière heure est arrivée, Stup !

Allez-vous faire feu sur la silhouette de gauche (rendez-vous au **69**), sur celle de droite (rendez-vous au **108**) ou préférez-vous chercher le moyen de les neutraliser toutes deux (rendez-vous au **147**) ?

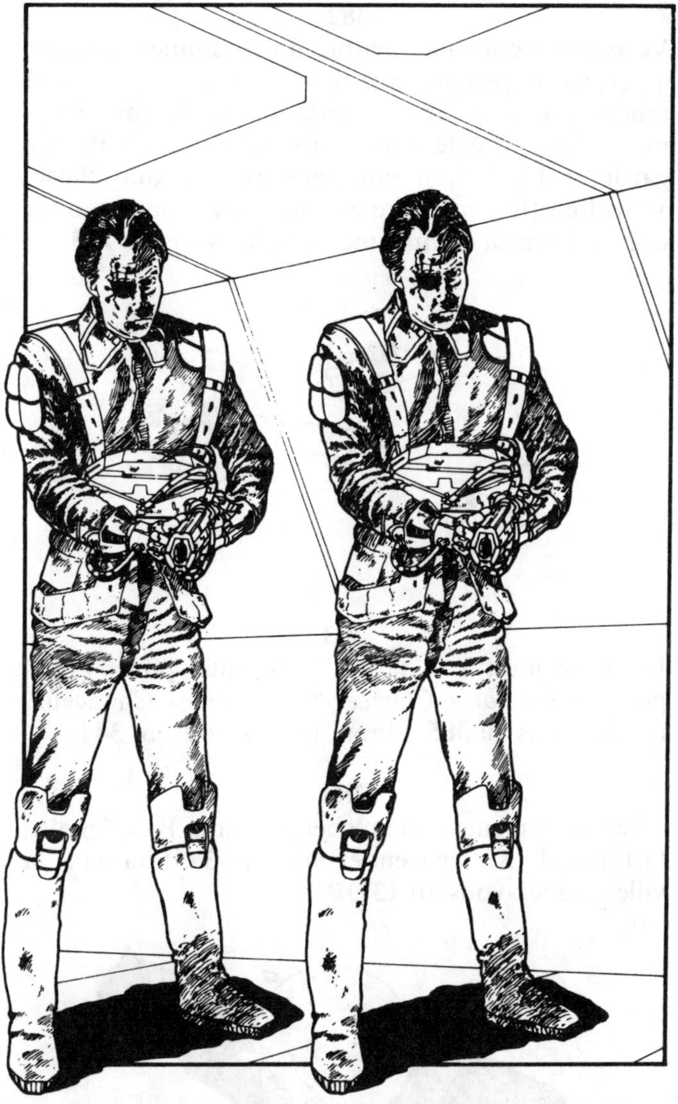

381 *Deux silhouettes exactement semblables pointent sur vous, deux énormes Pistolets Lasers.*

382

Vous remarquez un membre du personnel navigant à l'esprit un peu dérangé. Il vous attrape par le cou tandis que vous êtes accoudé au bar et vous murmure dans l'oreille d'une voix sépulcrale : « Prenez garde ! » En fait, il sait peut-être quelque chose. Vous lui offrez un verre et vous allez vous asseoir à une table en sa compagnie. Rendez-vous au **245**.

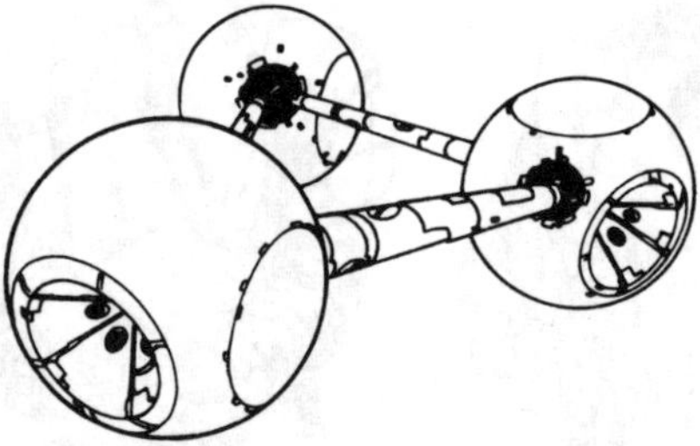

383

Le chevron est trop haut ! Vous sautez pour l'attraper. *Tentez votre Chance.* Si vous êtes Chanceux, rendez-vous au **305**. Sinon, rendez-vous au **344**.

384

Allez-vous mener cette recherche sur la Base Spatio-Orbitale de Kelter (rendez-vous au **345**) ou dans la ville (rendez-vous au **131**) ?

385

Le passage serpente à travers des rochers et débouche finalement dans une grande salle sombre et au milieu de laquelle trône un piédestal de faible hauteur, surmonté d'une flamme rougeoyante. L'entrée de cette salle est encadrée de deux énormes portes en bois massif bardées de fer. Allez-vous pénétrer dans ce lieu (rendez-vous au **83**) ou préférez-vous poursuivre votre chemin (rendez-vous au **346**) ?

386

— C'est tout ce que je sais ! gémit-il.

Il est probable que vous n'en tirerez rien de plus, aussi prenez-vous la décision de partir à la recherche du satellite dont il a parlé. Rendez-vous au **36**.

387

Le véhicule adverse est à 300 mètres devant vous et roule à près de 165 km/h. Il fonce dans une longue boucle largement dessinée — sur la gauche — au terme de laquelle s'amorce une ligne droite. A votre gauche, précisément, part une petite voie transversale : c'est, peut-être, un raccourci qui va vous permettre de gagner quelques mètres sur le véhicule que vous poursuivez, mais il y a un risque que cette voie transversale ne rejoigne pas, en définitive, la route principale. Si vous décidez néanmoins de l'emprunter, rendez-vous au **241**. Si vous préférez rester sur l'axe principal, rendez-vous au **348**.

388

Vous maintenez à présent une distance constante entre vos deux véhicules. Rendez-vous au **37**.

389

Vous sortez de la pièce et vous prenez le couloir. Rendez-vous au **253**.

390

C'était une bonne idée de vous agripper à la porte du sas : au bout de quelques secondes, la cellule produit un petit déclic et la porte se referme tandis que la pièce se remplit à nouveau d'air. Rendez-vous au **371**.

391

En adaptant la clef sur la serrure à combinaisons, vous provoquez un affreux grincement dans le générateur du cyclotron atomique. Des sirènes d'alarme se déclenchent et hurlent dans tous les couloirs de l'Astéroïde. Une voix artificielle hurle froidement : *« Attention ! attention ! le générateur compensateur de gravité a été déconnecté. Dans exactement 5 minutes, explosion totale... Attention ! attention ! le générateur.... »* Tous les tableaux de commandes clignotent maintenant intensément. Une trappe s'ouvre alors dans le plafond et laisse apparaître un petit sas sur lequel est inscrit : « Sortie de secours. » Sans hésiter, vous vous y glissez et vous vous retrouvez à la surface de l'Astéroïde. De là, vous gagnez en toute hâte votre vaisseau spatial et vous quittez les lieux au plus vite. L'Astéroïde explose peu après, formant une boule incandescente de matière radioactive en

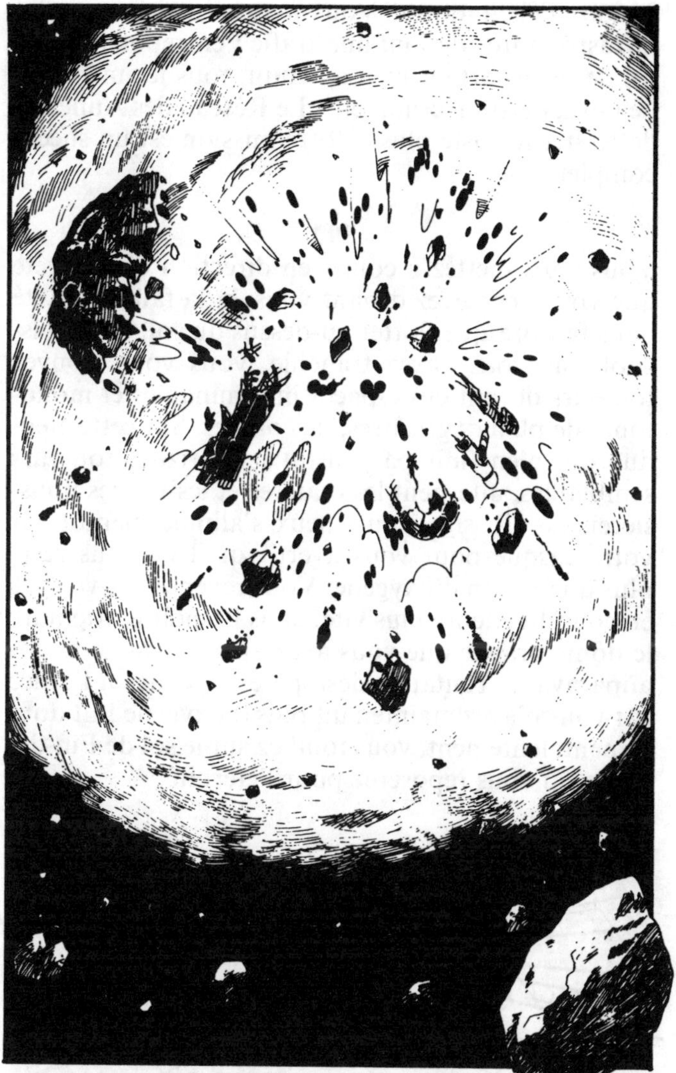

391 *L'Astéroïde explose, formant un boule incandescente de matière radio-active en fusion.*

fusion. Félicitations ! Vous avez détruit toutes les infrastructures de l'infâme trafic : entrepôts, navettes de transport et, bien entendu, tous les membres de l'organisation criminelle. Le Réseau des Anneaux de Kelter n'existe plus ! Votre mission est un succès complet.

392

Vous vous mettez à courir en direction d'une crête que vous apercevez devant vous, et la faible gravité vous fait presque flotter au-dessus du sol. Mais aussitôt que vous l'avez franchie, vous vous trouvez toujours devant des espaces interminables et monotones de plaines grisâtres, de collines. Sur cette étendue qui n'en finit pas, jusqu'à l'horizon, toujours semblables, alternent les cratères et les vallées poussiéreuses. Un signal lumineux s'allume bientôt sur votre casque pour vous avertir qu'il ne vous reste plus que 10 mn d'oxygène. Vous revenez sur vos pas en courant encore plus vite, dans l'espoir d'atteindre le dôme orangé que vous avez aperçu peu de temps auparavant. Tentative désespérée et vouée à l'échec car vous n'avez maintenant plus d'oxygène ! Et doucement, lentement, vous tombez sur le sol de Fin-de-Terre où vous reposerez pour l'éternité.

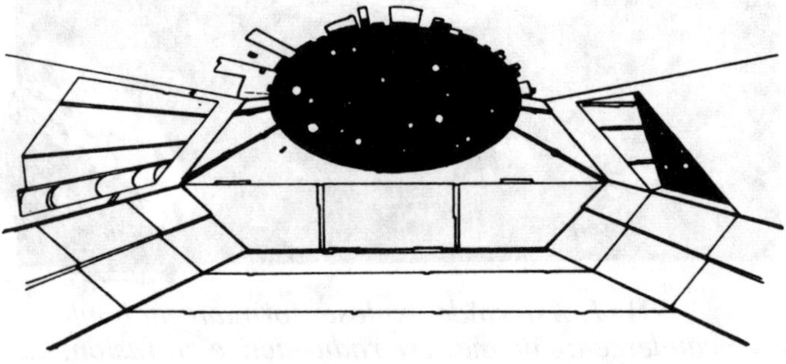

393

Vous compulsez le répertoire auquel l'ordinateur vous donne accès et vous vous rendez compte que vous pouvez consulter les dossiers concernant la gestion des Transports, mais aucun dossier individuel ou judiciaire, et encore moins les rapports sur les affaires criminelles. Vous survolez rapidement le dossier des Transports et, du premier coup d'œil, vous découvrez que de nombreuses sous-sections qui devraient s'y trouver n'y figurent pas, entre autres les Vols Spatiaux-Orbitaux, et cela depuis des jours, des semaines, voire des mois. Cela peut provenir d'une incurie bureaucratique aussi flagrante qu'inadmissible soit, plus vraisemblablement — et vous en êtes de plus en plus convaincu — d'une absence volontaire. Que cherche-t-on à cacher ? Des vols en provenance de certains endroits bien déterminés peut-être ? Allez-vous continuer vos recherches parmi les autres dossiers de gestion des transports au risque d'être découvert à tout moment (rendez-vous au **334**) ou tenter d'éclaircir l'affaire des sections manquantes auprès d'un responsable, le Commandant en Chef de la Base Spatio-Orbitale, par exemple (rendez-vous au **89**) ?

394

La base est vaste, mais il y a peu de monde. Les seuls vaisseaux au sol sont un petit supersonique de combat, non équipé pour les vols orbitaux, et une navette trapue affectée aux lignes courtes. Vous posez quelques questions anodines, mais tout ce que vous apprenez est que la base est la seule dans le système à posséder les infrastructures nécessaires au ravitaillement en carburant des vaisseaux interplanétaires. Si l'information est vraie, cela signifie que toute la production de stupéfiants qui quitte le Système d'Aleph-Cygni doit obligatoirement passer par cette Base Spatio-Orbitale. Enfin, peut-être. Constatant qu'il vous sera impossible d'en apprendre plus, vous décidez de quitter les abords de la station orbitale. Allez-vous révéler votre identité de Détective Fédéral aux autorités de la police locale afin d'avoir accès à leurs informations (rendez-vous au **255**) ou préférez-vous chercher un bar quelque part dans un Héliport, un hôtel ou un café où vous pourrez poursuivre votre enquête (rendez-vous au **299**) ?

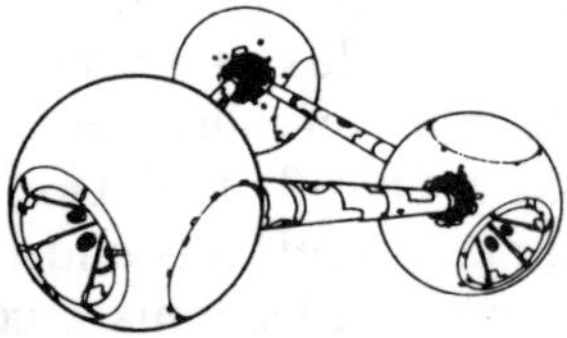

395

C'est la nuit. L'hôtel Mirimar est un véritable gourbi. L'ascenseur est en panne. Il n'y a pas de chauffage. Vous arrivez au douzième étage hors d'haleine et vous vous arrêtez quelques minutes sur le palier pour reprendre votre souffle. La porte de la chambre 1201, qui se trouve à côté de vous, s'ouvre à ce moment. Un personnage à l'air louche en sort, tout en mettant quelque chose dans la poche de son triplex synthétique. Il semble très surpris de vous voir, et, arrivé devant la porte de l'ascenseur, il en presse nerveusement le bouton. Réalisant qu'il est en panne, il se précipite vers l'escalier dans lequel il disparaît. Allez-vous entrer dans la chambre 1201 (rendez-vous au **236**) ou préférez-vous suivre l'homme qui vient d'en sortir (rendez-vous au **295**) ?

396

Vous appuyez encore plus sur l'accélérateur et votre véhicule bondit et emboutit l'énorme véhicule. *Tentez votre Chance*. Si vous êtes Chanceux, rendez-vous au **8**. Sinon, rendez-vous au **57**.

397

Vous vous glissez prudemment dans le couloir en direction des voix et vous parvenez au seuil d'une pièce, située contre toute logique dans le plafond ! En effet, en contrebas, deux silhouettes flottent dans un espace sans gravité, les pieds dirigés vers vous... Elles sont vêtues de grandes robes amples de bure noire qui ressemblent à des sacs. On dirait deux moines volant dans l'immatériel d'un monde sans pesanteur.

— Le Grand Génie du Mal a encore remué cette nuit, dit l'un d'eux.

— Oui, dit l'autre, je l'ai senti.

— Il doit avoir envie... d'un jouet, reprend le premier.

— Oui, il lui en faut un sinon...

Allez-vous rester où vous êtes (rendez-vous au **258**), affronter les moines (rendez-vous au **63**) ou préférez-vous revenir à l'intersection pour prendre l'autre couloir (rendez-vous au **385**) ?

398

Vous vous propulsez sur Fin-de-Terre afin d'examiner l'endroit. C'est un caillou nu qui a à peu près la taille d'un Astéroïde, c'est-à-dire guère plus de 400 km de diamètre. La seule installation existante est une petite ville-dôme prévue pour accueillir des touristes et des scientifiques. Sa population totale ne doit certainement pas dépasser 300 personnes. Allez-vous vous poser là où se trouve la ville-dôme (rendez-vous au **275**) ou préférez-vous d'abord faire une reconnaissance à bord de votre vaisseau tout autour de la lune afin de voir si vous décelez quelque chose de suspect (rendez-vous au **50**) ?

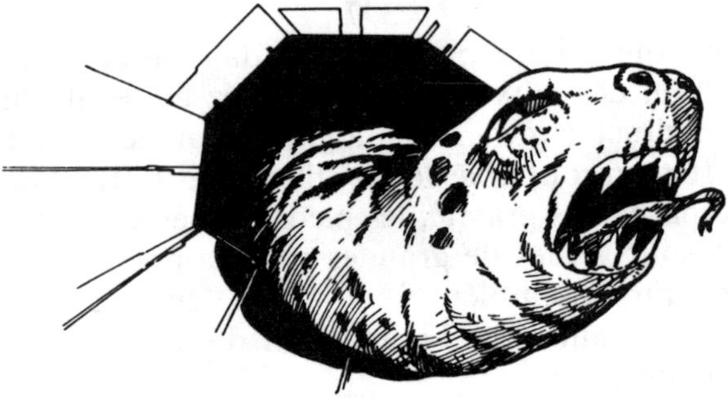

399

Il va falloir que vous utilisiez deux réacteurs individuels, conçus pour fonctionner dans le vide spatial, afin de franchir la distance qui vous sépare du satellite. Ces appareils ont une réserve limitée de carburant de sorte qu'il vous faudra noter sur un papier avec votre crayon chaque fois que vous prendrez une nouvelle décision, c'est-à-dire chaque fois que vous vous rendrez à un nouveau paragraphe. Lorsque vous aurez pris quatre décisions, votre réserve de carburant sera complètement épuisée et vous serez condamné à errer à jamais dans l'espace. Lorsque vous aurez atteint le satellite, cessez de comptabiliser les rendez-vous. Vous prenez appui à l'entrée du sas, et les réacteurs bien en main, vous vous lancez dans le vide après avoir soigneusement calculé la direction à prendre pour atteindre le satellite. Jetez deux dés. Si le chiffre obtenu est supérieur ou égal à votre total d'HABILETÉ, rendez-vous au **65**. S'il est inférieur, rendez-vous au **260**.

400

En capturant Billy Bombe Babbet, vous avez éliminé le Chef du Réseau des Anneaux de Kelter. Toutes nos félicitations : l'Organisation des Trafiquants de Stupéfiants est maintenant totalement démantelée. Votre mission est un succès total.

CONNAISSEZ-VOUS TOUTES LES SÉRIES DES LIVRES DONT **VOUS** ÊTES LE HÉROS ?

Série **Défis Fantastiques**

Le Sorcier de la Montagne de Feu
Steve Jackson et Ian Livingstone

La Citadelle du Chaos
Steve Jackson

La Forêt de la Malédiction
Ian Livingstone

La Galaxie Tragique
Steve Jackson

La Cité des Voleurs
Ian Livingstone

Le Labyrinthe de la Mort
Ian Livingstone

La Sorcière des Neiges
Ian Livingstone

Le Marais aux Scorpions
Steve Jackson et Ian Livingstone

Le Manoir de l'Enfer
Steve Jackson

Le Talisman de la Mort
Jamie Thomson et Mark Smith

L'île du Roi Lézard
Ian Livingstone

Le Mercenaire de l'Espace
Andrew Chapman

Le Temple de la Terreur
Ian Livingstone

Le Combattant de l'Autoroute
Ian Livingstone

Série **Sorcellerie !**
par Steve Jackson

Les Collines Maléfiques

La Cité des Pièges

Les Sept Serpents

La Couronne des Rois

Série **Loup Solitaire**
par Joe Dever et Gary Chalk

Les Maîtres des Ténèbres

La Traversée Infernale

Les Grottes de Kalte

Le Gouffre Maudit

Série **Le Dragon d'Or**
par Dave Morris et Oliver Johnson

Le Tombeau du Vampire

Le Dieu Perdu

Le Seigneur de l'Ombre

Série **Loup* Ardent**
par J.H. Brennan

La Horde des Démons

Les Cryptes de la Terreur

Série **La Quête du Graal**
par J.H. Brennan

Le Château des Ténèbres

L'Antre des Dragons

COLLECTION FOLIO JUNIOR

DÉJA PARUS

Allan, Ted
Histoire d'un souricureuil

Andersen, Hans Christian
La reine des neiges
La vierge des glaciers

Anonymes
Ali Baba et les quarante voleurs
Aventures du baron de Münchhausen
Histoire d'Aladdin ou la lampe merveilleuse
Histoire de Sindbab le marin
Le petit bossu
Le roman de Renart *Tome 1*

Asturias, Miguel Angel
L'homme qui avait tout tout tout

Aymé, Marcel
Les bottes de sept lieues
Les contes bleus du chat perché
Les contes rouges du chat perché

Bédollière, Émile de la
Histoire de la Mère Michel et de son chat

Beecher-Stowe, Harriet
La case de l'Oncle Tom

Bonheur, Gaston
Tournebelle

Borodine, Léonide
L'année du miracle et de la tristesse

Bosco, Henri
L'âne culotte
L'enfant et la rivière

Brissac, Elvire de
Grabuge et l'indomptable Amélie

Buisson, Virginie
L'Algérie ou la mort des autres

Burnett, Frances Hudges
Le petit lord Fauntleroy

Buzzati, Dino
Le chien qui a vu Dieu
La fameuse invasion de la Sicile par les ours

Campbell, Reginald
Sa majesté le tigre

Camus, William
Les oiseaux de feu et autres contes peaux-rouges

Capote, Truman
L'invité d'un jour

Carroll, Lewis
Alice au pays des merveilles
De l'autre côté du miroir et ce qu'Alice y trouva

Cendrars, Blaise
Petits contes nègres pour les enfants des Blancs

Chaillou, Michel
La vindicte du sourd

Colum, Padraïc
Le fils du roi d'Irlande

Cooper, James Fenimore
Le dernier des mohicans

Coué, Jean
L'homme de la rivière Kwaï
Kopoli le renne guide

Dahl, Roald
Charlie et la chocolaterie
Charlie et le grand ascenseur de verre
Les deux gredins
L'enfant qui parlait aux animaux
Fantastique Maître Renard
James et la grosse pêche
La potion magique de Georges Bouillon

Daudet, Alphonse
La dernière classe et autres contes du lundi
Lettres de mon moulin
Le petit chose
Tartarin de Tarascon

Déon, Michel
Thomas et l'infini

Dhôtel, André
L'enfant qui disait n'importe quoi
Le pays où l'on n'arrive jamais

Dickens Charles
La vie de N.-S. Jésus-Christ
Le grillon du foyer

Escoula, Yvonne
Six chevaux bleus

Fallet, René
Bulle, ou la voix de l'océan

Faulkner, William
L'arbre aux souhaits

Fon Eisen, Anthony
Le prince d'Omeyya

Forsyth, Frederik
Le berger

Frère, Maud
Vacances secrètes

Gamarra, Pierre
Six colonnes à la une

Garrel, Nadine
Au pays du grand condor
Les Princes de l'Exil

Gautier Théophile
Le roman de la momie

Gilbreth, Frank et Ernestine
Treize à la douzaine

Golding, William
Sa majesté des mouches

Gordon, Donald
Alerte à Mach 3

Grandville
Un renard pris au piège

Grimm
Hans-mon-hérisson *et treize autres contes*
Les trois plumes *et douze autres contes*

Gripari, Pierre
La sorcière de la rue Mouffetard *et autres contes de la rue Broca, t. I*
Le gentil petit diable *et autres contes de la rue Broca, t. II*

Guillot, René
Sama prince des éléphants

Halévy, Dominique
L'enfant et l'étoile

Hatano Isoko et Hatano Ichirô
L'enfant d'Hiroshima

Held, Jacqueline
Le chat de Simulombula

Hemingway, Ernest
Le vieil homme et la mer

Hickok, Lorena
L'histoire d'Helen Keller

Hines, Barry
Kes

Jackson, Steve
La Citadelle du Chaos
La Galaxie Tragique

Jackson, Steve et Livingstone, Ian
Le Sorcier de la Montagne de Feu

Jacob, Max
Histoire du roi Kaboul Ier et du marmiton Gauwain *suivi de* **La couronne de Vulcain**

Jayez, Renée
Guemla des collines

Kästner, Erich
La conférence des animaux
Les gens de Schilda

Kemal, Yachar
Le roi des éléphants

Kessel, Joseph
Le lion
Le petit âne blanc
Une balle perdue

Kipling, Rudyard
Histoires comme ça
Le livre de la jungle

Kis, Danilo
Chagrins précoces

Korczak, Janusz
Le roi Mathias Ier
Tome I, Tome II

La Fontaine, Jean de
Le loup et l'agneau et autres fables

Lansing, Alfred
Les rescapés de l'endurance

Laureillard, Rémi
Fred le nain et Maho le géant
Une fée sans baguette

Le Clézio, J.M.G.
Celui qui n'avait jamais vu la mer
Lullaby

Leroy, Eugène
Jacquou le Croquant

Leuse, Claude de
La Belle et le Feijao

Livingstone, Ian
La Cité des Voleurs
La Forêt de la malédiction
L'Ile du Roi Lézard
Le Labyrinthe de la Mort

London, Jack
L'Amour de la vie
suivi de **Négore le Lâche**
L'appel de la forêt
Croc-Blanc
Le loup des mers
Le mouchoir jaune
Un petit soldat

Mac Orlan, Pierre
L'ancre de miséricorde
Les clients du Bon Chien Jaune

Malineau, Jean-Hugues
La tue-mouche

Malot, Hector
En famille, *t. I*
En famille, *t. II*
Sans famille, *t. I*
Sans famille, *t. II*

Manceron, Claude
Austerlitz
Le citoyen Bonaparte

Massepain, André
L'île aux fossiles vivants

Maurois, André
Patapoufs et Filifers

Ménard, Jean-François
L'île du Dieu maussade
Le voleur de chapeaux

Mirman, Louis
Le silex noir

Monfreid, Henri de
Abdi, enfant sauvage

Mörike, Eduard
Un voyage de Mozart à Prague

Neil, A.S.
Le nuage vert

Norton, Mary
Tous les géans sont-ils bien morts ?

Ollivier, Jean
Histoire du gaillard d'avant

Pef
La grande aventure du livre

Pelot, Pierre
Sierra brûlante

Pergaud, Louis
La guerre des boutons

Perrault, Charles
Contes de ma mère l'Oye

Peyramaure, Michel
La vallée des mammouths

Prévert Jacques
Contes pour enfants pas sages
Lettres des îles Baladar

Price, Willard
Pièges dans la jungle
Pièges sous le Pacifique

Renard, Jules
Poil de carotte

Roy, Claude
Enfantasques
La maison qui s'envole
Le chat qui parlait malgré lui

Saint-Exupéry, Antoine de
Le petit prince

Saint Luc
Évangile selon saint Luc

Sand, George
Histoire du véritable Gribouille

Scott, Walter
Ivanhoé, *t. I*
Ivanhoé, *t. II*

Ségur, Comtesse de
L'auberge de l'Ange-Gardien
François le bossu
Jean qui grogne et Jean qui rit
Le général Dourakine
Le mauvais génie
Les bons enfants
Les deux nigauds
Les malheurs de Sophie
Les nouveaux contes de fées
Les petites filles modèles
Les vacances
Mémoires d'un âne
Un bon petit diable

Sempé
Marcellin Caillou

Sempé/Goscinny
Joachim a des ennuis
Le petit Nicolas et les copains
Les récrés du petit Nicolas
Les vacances du petit Nicolas

Séverin, Jean
Le soleil d'Olympie

Solet, Bertrand
Les révoltés de Saint-Domingue

Stahl, Pierre-Jules
Les aventures de Tom Pouce

Steig, William
Dominic
L'île d'Abel

Steinbeck, John
Le poney rouge

Stevenson, Robert Louis
Le diable dans la bouteille
L'île au trésor

Stranger, Joyce
Le renard rouge et les tambours fantômes

Sue, Eugène
Kernok le pirate

Swift, Jonathan
Voyage de Gulliver à Lilliput

Thompson, Kay
Eloïse

Thurber, James
La dernière fleur

Tolstoï, Léon
Maître et serviteur

Tournier, Michel
L'aire du Muguet
Les rois mages
Sept contes
Vendredi ou la vie sauvage

Twain, Mark
La célèbre grenouille sauteuse *et autres contes*
Huckleberry Finn
Les aventures de Tom Sawyer

Vernes, Jules
Autour de la lune
Aventures de trois Russes et de trois Anglais dans l'Afrique Australe
Cinq semaines en ballon
De la terre à la lune
Le tour du monde en 80 jours
La journée d'un journaliste américain en 2889
suivi de **L'éternel Adam**
Les Indes noires
Les révoltés de la « Bounty »
Maître Zacharius *suivi de*
Un drame dans les airs
Michel Strogoff, *t. I*
Michel Strogoff, *t. II*
Une fantaisie du docteur Ox
Un hivernage dans les glaces
Voyages au centre de la terre

Viollet-le-Duc
Le siège de la Roche-Pont

Wells, H.G.
La guerre des mondes
La machine à explorer le temps

Wilde, Oscar
L'anniversaire de l'infante
suivi de **L'enfant de l'étoile**
Le prince heureux
Le géant égoïste *et autres contes*

Williams, Charles
Fantasia chez les ploucs

Wolgensinger, Jacques
L'épopée de la croisière jaune

Wou tcheng-En
Le roi des singes

Zimnik, Reiner
Les tambours

Folio Junior, c'est aussi cinq séries :
Poésie, Énigmes, Légendes, Science-Fiction et Bilingue.

Achevé d'imprimer
le 3 Juillet 1986
sur les presses de
l'Imprimerie Hérissey
à Évreux (Eure)

N° d'imprimeur : 40515
Dépôt légal : Juillet 1986
1er dépôt légal dans la même collection : Février 1986
ISBN 2-07-033331-3
Imprimé en France

38603